LES VOIES DU CHANT

Jean-Pierre Blivet

Les voies du chant

TRAITÉ DE TECHNIQUE VOCALE

Préface de Natalie Dessay

Avant-propos du docteur Jean-François Dickstein

Fayard

Les dessins ont été réalisés par Emmanuel Bourgeau
et les exemples musicaux par Laurence Ardouin.

Ce livre est la réimpression de l'ouvrage paru en octobre 1999
sous le titre *La Voie du chant.*

À ma femme

Préface

J'ai rencontré Jean-Pierre en 1991, à l'issue d'une représentation de *L'Enlèvement au sérail*, à Nice. Notre contact a été immédiatement fort et chaleureux. Au point que j'ai décidé de travailler avec lui – ce dont je n'ai pas cessé de me féliciter. Il m'a rapidement fait prendre conscience que depuis des années je ne chantais qu'avec la moitié de ma voix. J'étais en effet comme nombre de ces jeunes chan teurs qui, même s'ils en savent l'importance, ne parviennent pas à suffisamment intégrer, en terme de perception et pour ne prendre que ces exemples, la respiration, l'ouverture de la gorge ou bien encore l'étirement du voile du palais. Quels qu'aient été ou que soient leurs efforts, leurs sensations demeurent à cet égard floues et imprécises. Ils chantent, certes, mais quand ils parviennent à produire une performance de qualité, ils en sont aussi heureux qu'étonnés, tout comme ils ne savent d'ailleurs pas pourquoi, cette autre fois, la grâce n'a pas été au rendez-vous.

Il est bien entendu que la plupart des chanteurs qui peuvent prétendre à devenir des professionnels ont un don qui peut se traduire en un joli timbre, une voix étendue ou bien encore des aigus faciles, toutes choses qui constituent des qualités de départ combinées à un instinct du chant plus ou moins développé. Si bien que, la jeunesse et l'enthousiasme aidant, ils peuvent arriver à un certain degré de réussite. Mais, pour se hisser durablement au niveau exigé par leur art, et surtout pour résister au rythme d'une carrière digne de ce nom (voyages, répétitions, nombre de spectacles à la suite, etc.), ils devront le plus tôt possible acquérir une véritable technique. Elle seule leur permettra de chanter aussi bien les jours où ils sont en forme que lorsqu'ils le sont moins, voire même quand ils sont malades. Elle seule, en effet, assure la pérennité de l'artiste par les progrès constants qu'elle lui fait accomplir. La technique n'est bien évidemment pas un but en soi. Mais c'est avec elle et par elle que commence le travail de longue haleine qu'est celui de l'interprète. C'est elle qui parvient à lui conférer la maîtrise de son instrument au point de lui permettre de se consacrer plus encore à la musique et au théâtre. C'est toujours grâce à elle qu'on peut, au fil des années, aller bien au delà de ce qu'on croyait possible en terme de beauté de son aussi bien que de projection.

C'est ce que m'a appris et continue de m'apprendre mon travail avec Jean-Pierre Blivet. Car pour un chanteur professionnel, comme pour un sportif de haut niveau, le but est de toujours parfaire son acquis. Le travail acharné que cela nécessite est – sur le plan physique comme sur le plan intellectuel – considérable. Et je dois dire que sans cette discipline je ne serais jamais parvenue au niveau où je suis.

Or rien de tout cela ne constitue un mystère jalousement gardé en quelque mystérieux coffret ou seulement diffusé par un bouche à oreille dont chacun aimerait avoir le privilège. L'ouvrage que nous livre aujourd'hui Jean-Pierre Blivet en est la démonstration. Il nous permet aussi bien de prendre la mesure des exigences de la technique – mâtinée en l'occurrence d'une expérience tout à fait originale – que d'en pénétrer les mécanismes et la logique. Le lecteur tout simplement curieux pourra y saisir les subtilités de cette expérience musicale qui déchaîne de véritables passions. Le professionnel, sans renoncer à sa propre mise en œuvre dans un travail personnel, y trouvera une matière à exploiter. Le mélomane pourra y prendre la mesure de la complexité et de la précision extrêmes nécessitées en amont par un art dont il exige, à juste titre, qu'il ne lui apparaisse jamais autrement que magique et naturel.

Natalie Dessay

Avant-propos

La technique enseignée par Jean-Pierre Blivet a dû parcourir un long chemin de pensée car elle parle au psychisme de l'élève et c'est bien là une de ses forces.

En effet, le développement de la voix est en étroite relation avec le développement du psychisme.

Dans l'enseignement de Jean-Pierre Blivet, la pensée de la technique est transmise par de nombreuses métaphores : la tour Eiffel, la jupe, les mains chaudes, la pagode, les volutes de fumée, l'effet « valda », etc.

Chacune de ces métaphores véhicule un cortège de messages infra-verbaux. On trouve poésie, puissance, inventivité et surtout une dynamique symbolique. Ainsi, la nature même de la métaphore évite des blocages, des fixations à des niveaux anatomiques auxquels nous ne pouvons avoir accès, par exemple « s'appuyer sur son diaphragme » !

On l'aura senti, la pensée de la technique franchit les barrières conventionnelles et se développe délibérément dans le sens de l'ouverture.

Cette ouverture ne peut être gagnée que progressivement, par le dépassement et la dissipation des angoisses propres au fonctionnement de chacun. Les lieux de resserrement (étymologiquement, angoisse, « angustia », se traduit justement par « resserrement ») vont dès lors être pensés par la technique (et pansés...).

Les exercices extrêmement précis et réalisés dans un ordre défini apportent des repères à la structure naissante, tel un véritable cadre psychique. Ils sont construits sur un principe d'alternance de phonèmes ouverts et fermés. Ils développent la bascule laryngée vers le bas et vers l'avant. La connexion avec le corps n'est jamais interrompue et la voix s'enrichit de façon homogène tout au long de la tessiture. Ainsi, la voix va-t-elle se mettre petit à petit au service de la pensée technique.

Cette pensée technique, véritable espace psychosomatique, sera la clef de voûte de la fameuse « cathédrale vocale ». À ce stade, la voix tourne et résonne avec un degré de liberté maximum. S'est alors installée une véritable identité vocale qui permet de retrouver les bons gestes techniques en l'absence du professeur.

Jean-François Dickstein
Docteur en psychiatrie
et artiste lyrique

Introduction

« Au commencement était le verbe », dit la Genèse. Mais le vent lui-même en soufflant dans les roseaux vous dira : « Au commencement était le chant. » Le chant, cet art mythique et complexe, mais aussi ce plaisir esthétique, cette jouissance artistique et physique partagée par l'auditeur, seul instrument pouvant allier musique et poésie, allant jusqu'à créer avec les autres une communication transnarcissique…

Le chant est le partage possible à l'infini d'émotions à la fois sensorielles, grâce à l'oreille, et cérébrales, grâce au pouvoir des mots. Le sens artistique du chanteur et le pouvoir transcendant de la musique portée par l'incomparable beauté de la voix humaine embellie, développée et harmonisée par un excellent et indispensable travail technique, permettent au public d'atteindre un plaisir sensoriel exaltant dans la satisfaction d'un cheminement vers un idéal de beauté : l'alliance magnifiée du corps et de l'esprit. S'il s'agit de musique lyrique, l'opéra donne en outre, grâce aux possibilités scéniques, chorégraphiques et à la force évocatrice des décors, une dimension d'exception à cet instrument à vent qui sait à la fois rire, pleurer, gémir, enfin… chanter.

Si le chant est omniprésent dans notre vie, il l'est aussi dans notre passé culturel, et jusque dans notre imagination. Le charme indicible du chant et son pouvoir sur nous sont légendaires, et l'on pense alors à Orphée dont l'emprise s'exerce tant sur les animaux dans les montagnes de Thrace que sur la fille de Déméter, tant sur les dieux que sur les gardiens de l'Enfer. C'est aussi le chant mythique des sirènes qui aura menacé de précipiter Ulysse et ses compagnons vers leur perte. On nous pardonnera de glorifier ici jusqu'au brame du cerf : son chant retentit jusqu'au plus profond des bois, afin d'attirer, pour l'accouplement, une femelle de sa harde. Son chant affiche sa virilité, tout comme les andouillers de ses bois proclament son âge.

Avertissement

Aucun manuel de technique, si bien fait et si complet soit-il, ne pourra jamais remplacer l'oreille d'un vrai maître de chant. Mais il peut être un outil précieux pour le chanteur.

Aussi ce livre-ci a-t-il pour but de poser les vrais problèmes de la phonation et d'apporter une solution précise à chacun d'eux. Pour ce faire, l'auteur utilise ses propres exercices en les présentant et les explicitant, afin que les élèves puissent suivre un chemin progressif et balisé. Ce livre peut permettre d'éviter également des erreurs fondamentales; mais il demeure indispensable pour le chanteur d'y adjoindre l'oreille très sûre et exercée d'un professeur.

La technique vocale explicitée

La technique est la greffe indispensable à l'épanouissement du talent artistique

La technique vocale ayant pour but d'améliorer les possibilités vocales, de nombreux paramètres vont intervenir pour embellir, amplifier, assouplir, tonifier et aussi augmenter la tessiture de la voix chantée.

Le travail vocal consiste à développer le souffle tout en ouvrant les cavités de résonance et à tonifier les cordes vocales, ou muscle vocal. Cependant, tous les exercices devront être pratiqués en souplesse et donc sans forcer, en privilégiant la beauté du son.

Pour obtenir une excellente phonation chantée, de très nombreux muscles, depuis la sangle pubienne jusqu'à ceux de « l'équipage laryngé », vont devoir se mettre en action, ainsi que de nombreux cartilages. L'ensemble sera dirigé par un travail mental nécessitant une grande concentration au début pour faire place peu à peu à un quasi-automatisme. Pour décrire, expliquer et analyser ce fonctionnement de tout l'appareil phonatoire, il est nécessaire d'utiliser des termes scientifiques parfois un peu complexes. Nous nous efforcerons dans cet ouvrage de simplifier nos explications chaque fois que cela sera possible, sans toutefois céder à la facilité de formulations trop simplistes. Afin de permettre au plus grand nombre de lecteurs de comprendre et d'assimiler toutes les données de ce travail technique, nous présenterons à la fois des explications scientifiques très précises, mais aussi des exercices simples qui ont prouvé leur efficacité. Ils sont l'essentiel de cette démarche pédagogique fondée sur l'expérience de la voix chantée.

De l'intérêt d'exercices appropriés à une phonation aisée

Les exercices présentés dans ce livre ont été conçus en fonction de leur apport spécifique : ouverture pharyngée, maintien du larynx en position basse, tonicité des cordes, etc. Considérant qu'il ne suffit pas de travailler sa voix à l'aide d'exercices transmis de professeurs en professeurs, et qui ne font que reprendre les vocalises travaillées, l'auteur a créé des phonèmes et les a associés dans des ordres très précis, non seulement afin que leurs qualités intrinsèques soient efficaces, mais pour que, grâce à leur association avec d'autres phonèmes, aucun d'eux ne puisse entraîner un défaut vocal subreptice. Par exemple, un phonème permettant l'ouverture de l'arrière-gorge sera associé à un phonème favorisant la projection en avant afin de ne pas ravaler le son. Pour qu'un phonème ne soit pas aplati, un second aidera à garder le son rond, tandis qu'un troisième apportera le mordant à la voix. Ceci afin qu'aucun défaut vocal ne s'installe, alors même que l'on veut acquérir un habitus particulier.

L'utilité des images dans le travail vocal

Non seulement ces images aident à la compréhension, mais elles permettent au chanteur de banaliser les difficultés en faisant intervenir l'imagination de l'interprète et en lui permettant également d'être moins préoccupé par les difficultés vocales. Pour que les images émises par le pédagogue soient efficaces, il est indispensable qu'il dispose pour chaque geste vocal d'un éventail varié de ces images suggestives. En effet, il y a similitude entre aider l'élève à trouver ou retrouver des sensations pour réussir à reproduire le son émis ou recherché par le professeur, et aider quelqu'un à rassembler ses souvenirs sur un fait précis : vacances, accidents, fêtes, etc. Dans ce dernier cas, on comprend que la multiplicité des informations sous forme d'images puisse aider à la reconstitution des faits et gestes de ce passé en question.

Or, une image pourra être captée plus facilement qu'une autre ou être plus motivante suivant les personnes. On comprend, dès lors, que plus les images seront nombreuses, plus il sera aisé de reconstituer les faits passés. Il en va exactement de même pour trouver une sensation aidant à améliorer un son ou à atteindre une note difficile. La richesse des images et des métaphores a beaucoup d'importance quand il s'agit de transmettre à autrui des sensations et de trouver le geste vocal juste et adapté en fonction de la morphologie, mais aussi de la compréhension et de la sensibilité du jeune chanteur.

Exemples : le déplacement laryngé sera illustré au moyen d'images évoquant un mouvement parabolique. En effet, notamment dans l'aigu, une vingtaine de muscles tire le larynx vers le haut et en arrière. Il faut donc, surtout dans la quinte aiguë, permettre au larynx de rester souplement en position basse et assez en avant pour que la voix ne parte pas en arrière. Plusieurs images facilitent ce geste vocal :

- la vague qui arrive derrière le surfer et s'enroule au-dessus de sa tête pour retomber loin en avant ;
- la capuche du moine cousue à la taille (plutôt qu'aux épaules) : on l'ouvre et on la met bien en avant devant les yeux, à la manière d'un son libre qui « tourne » et se propage jusqu'au fond de la salle.

Pour illustrer l'ouverture du bas du thorax, coordonnée par synergie avec celle du vestibule laryngé et de la cavité pharyngée, les images suivantes sont d'une aide précieuse :

- se représenter un éventail à l'envers et penser qu'on l'ouvre ;
- visualiser le bas de la tour Eiffel et penser qu'on l'écarte : la tour Eiffel en effet adopte un peu la forme

du thorax bien ouvert à sa base. On peut imaginer par la suite qu'on renverse la tour Eiffel et que, les pieds en l'air, elle figure le son qui se répand en V dans la salle.

Pour favoriser l'ouverture souple du bas du thorax, on imagine avoir très froid en sortant de l'eau et que quelqu'un pose ses mains chaudes sur les côtés, de la poitrine aux côtes flottantes. Que le chanteur se figure alors la sensation agréable procurée par des mains chaudes sur son corps glacé. Cette pensée permet d'ouvrir les côtes souplement, ce qui peu à peu cesse de représenter un effort pour apparaître, au contraire, comme une certaine relaxation. De cette façon, il n'y a plus de crispation, et le son émis devient ample et souple. Tous les résonateurs sont ouverts souplement par synergie également. C'est l'aperto-coperto dans la souplesse et la facilité.

La voix, miroir de la personnalité

La voix reflète les émotions, les humeurs aussi bien que les tendances névrotiques. Elle est évocatrice de la personnalité sous bien des rapports et ne se contente pas d'être un phénomène mécanique et acoustique. Elle est sujette,

Histoire vécue

Un aveugle a reconnu Eichmann en l'écoutant parler, ainsi que le mentionne Antoine Péraud dans *Télérama* (« Un hasard de l'histoire ») : détecté par un juif aveugle qui reconnaît sa voix, il est pisté par le Mossad qui l'enlève le 11 mai 1960 dans la banlieue de Buenos Aires.

de ce fait, à de si nombreuses variations que les plus grands spécialistes n'en finissent pas de dresser la liste de tous les paramètres mis en jeu par la phonation parlée ou chantée.

Il est indispensable, pour ces raisons, que le chanteur ait une vie privée équilibrée et un entourage favorable. Il doit posséder à la fin une technique vocale sûre et un état d'esprit tourné vers le *positif*.

On chante avec tout son corps, et aussi grâce à son système nerveux. Comme nous savons par ailleurs à quel point l'oreille est déterminante pour l'émission vocale, nous avons là l'indice supplémentaire du caractère unique de chaque voix. Nombreux sont les témoignages d'aveugles qui disent combien ils sont sensibles aux différentes voix et les reconnaissent à mille et un détails, beaucoup plus subtilement que les voyants. Chez eux, l'oreille s'est développée au point de leur servir de vue dans la reconnaissance d'une personne, mais aussi de la personnalité de celui qui parle ou qui chante.

De façon analogue, un professeur attentif perçoit à travers les sons émis par le chanteur, non seulement la voix elle-même, mais aussi ses aptitudes, son étendue, son timbre, etc. Il doit savoir déceler le caractère du chanteur, ses inhibitions, et prendre en compte l'éducation même de ce chanteur à travers ses préférences musicales, ses appréhensions, ses enthousiasmes, ses hésitations ou ses problèmes relationnels. Cette attention particulière permettra au pédagogue de comprendre la voix qu'il écoute à travers ce qu'elle véhicule en son timbre, sa couleur, ses contraintes, ses facilités.

En cas de difficultés vocales particulières, il devra chercher à savoir si celles-ci relèvent d'un habitus comportemental particulier du chanteur, auquel cas il se renseignera sur l'éducation reçue par ce dernier : trop rigoriste ou, au contraire, surprotectrice. Il pourra, en conséquence, modifier l'approche qu'il a de cette voix et la méthode de travail à employer pour aider le chanteur à se libérer et à s'extérioriser ou, au contraire, pour lui imposer une nécessaire rigueur. Les joies, les malheurs ou les simples difficultés de vie du chanteur considéré entraînent une libération ou, au contraire, de fortes inhibitions de sa voix. On devine alors l'absolue nécessité de bien comprendre et de bien connaître la voix, mais aussi l'individu porteur de cette voix. On en revient de manière incontournable à l'indispensable symbiose entre le professeur et son élève.

La voix chantée, qui est la découverte de la beauté sonore, est aussi la découverte de soi-même. Elle est le reflet de notre personnalité profonde. Elle offre, en somme, comme tous les arts, la possibilité de « se dépasser » dans un approfondissement artistique qui n'a pas de fin, mais qui est lui-même une finalité.

L'apprentissage du chant demande une recherche constante et une concentration à la fois physique (au service de la production du son) et intellectuelle (en charge de son amélioration), ce qui en rehausse l'intérêt intrinsèque.

On pourrait citer ici le Titus de Racine :

Je suis venu vers vous sans savoir mon dessein
Mon amour m'entraînait et je venais peut-être
Pour me chercher moi-même et pour me reconnaître.

La voix détermine également le caractère de la personne qui chante : ambitieuse, généreuse, envieuse, courageuse, volontaire, nonchalante... On trouve chez les artistes, tout comme chez les autres personnalités, des attitudes aussi différentes et nombreuses que les couleurs et les catégories vocales.

On entend par ailleurs dans la voix la détermination ou les appréhensions qui aident ou gênent la progression d'une carrière aussi difficile à assumer.

Voici pour l'anecdote deux comportements d'artistes

différents, qui révèlent leur personnalité et ce, en dehors de leurs caractéristiques vocales.

Histoires vécues

Deux grandes divas rivales des années cinquante se rencontrent et, pour éviter l'agressivité, parlent de la pluie et du beau temps. La plus conciliante se confie et dit : « Tu sais, j'ai fait assurer ma voix pour plusieurs millions de dollars ! » L'autre, sourire aux lèvres, lui répond : « Pauvre chérie, que vas-tu faire de tout cet argent ? »

Un jour, Tito Schipa rencontre Enrico Caruso. Très courtois il demande : « Alors, comment va le plus grand ténor du monde ? » Caruso, très fair play : « Pourquoi ? Vous chantez les barytons maintenant ? »

L'environnement culturel : le mimétisme

Comme on le sait, les oiseaux ne sont pas tous chanteurs. Si un oiseau non-chanteur couve les œufs d'un oiseau chanteur, les petits ne chantent pas. L'organe phonatoire des oiseaux correspondant à notre larynx se nomme *syrinx*. Les couples se reconnaissent à leur chant dont la mélodie a un rythme et des trilles bien particuliers. Comme on le voit, le mimétisme existe chez certains animaux. L'être humain, pour sa part, a de grandes possibilités de mimétisme gestuel, comportemental et, bien sûr, vocal dans le cas du chanteur.

L'imitation, qui est un mimétisme volontaire, associe souvent mimétisme gestuel et vocal. Il existe, bien sûr, des mimétismes inconscients qui peuvent être préjudiciables à la voix lorsqu'il s'agit d'un chanteur. En effet, nous disposons tous d'une voix bien personnelle en fonction de notre morphologie. Il faut donc non seulement mettre l'élève chanteur en garde contre le mimétisme conscient ou inconscient qui en ferait la copie d'un modèle – « la voix de son maître » en quelque sorte –, mais aussi lui donner des exemples vocaux, en veillant à ce qu'il s'inspire de l'art du chant et de la bonne émission du professeur, au lieu d'essayer de reproduire les sons qu'il perçoit.

Le professeur doit prendre connaissance du cheminement culturel de son élève, afin de comprendre ses préférences musicales mais aussi vocales. Dans le cas d'une émission douteuse ou d'une erreur évidente de tessiture, le pédagogue doit essayer d'en trouver la raison originelle. Souvent ces erreurs ou émissions discutables sont dues à un mauvais enseignement ou à de mauvais conseils. Cependant, en ce qui concerne plus particulièrement la tessiture et la couleur utilisées, elles pourront être le produit de l'admiration portée à un autre artiste, auquel cas ce mimétisme est relativement ou totalement conscient. Si l'on imite la voix d'un être cher, ce mimétisme relève davantage de l'inconscient.

I

Comment travailler une voix ?

Pour les professeurs

Être professeur ne s'improvise pas. Il faut des dispositions particulières. Il fut une époque ou les maîtres de chant s'occupaient intégralement de la formation de quelques chanteurs. Ils les faisaient eux-mêmes engager au théâtre, une fois leur formation terminée. Les cours étaient entièrement gratuits et les professeurs prenaient, par la suite, un pourcentage sur les cachets de leurs élèves. Ce pourcentage était beaucoup moins élevé, d'ailleurs, que celui des agents artistiques d'aujourd'hui. C'était un grand avantage pour les jeunes chanteurs. En effet, si les élèves ne réussissaient pas, le maître n'était pas payé. Peu de professeurs aujourd'hui survivraient à ce système. Un jeune chanteur doit être très vigilant dans le choix du professeur. En effet, une belle carrière ne suffit pas à rendre un chanteur pédagogue. Pour enseigner, il faut certes savoir très bien chanter, mais il est indispensable également et surtout de très bien entendre.

Pourtant, ces deux qualités demeurent insuffisantes. Il faut également savoir enseigner, c'est-à-dire transmettre et entendre, dans le chant de l'élève, l'avenir de sa voix :

repérer ses faiblesses et ses points forts ; deviner ses possibilités vocales. La patience, le sens de la progression vocale et enfin beaucoup d'intérêt, voire d'affection pour les autres, sont également indispensables. Professeur de chant n'est pas un métier, c'est un sacerdoce. Si l'on ne possède pas cette flamme ni cet altruisme, il ne faut pas aborder cet enseignement spécialisé. L'élève, quant à lui, doit choisir le professeur en fonction du résultat qu'il obtient de ses autres élèves. Tout autre critère peut entraîner de grandes désillusions.

Enfin, l'enseignement exige beaucoup d'intuition, enrichie par un sens aigu de l'observation.

La Nature parfois enseigne plus que l'Art.

Méditez cette métaphore employée par un grand pédagogue pour signifier qu'il ne suffit pas pour un professeur de produire de beaux sons avec sa voix : « Quand je vais chez un garagiste, je n'attends pas de lui qu'il me montre comment fonctionne sa belle voiture de sport, mais qu'il fasse bien fonctionner la mienne. »

Avertissement

L'appareil phonatoire humain qui produit la voix doit être maîtrisé comme tout autre instrument. Mais étant le seul instrument vivant, il peut se développer en puissance, en qualité, en étendue et en agilité.

La science de la phonation, qui a commencé avec les recherches de Mersenne aux environs de 1630, n'a été vraiment explorée que depuis une cinquantaine d'années grâce aux procédés plus sophistiqués d'analyses médicales, acoustiques et physiques. Nous sommes encore loin d'avoir fait le tour du sujet, car il s'agit là d'une *science-carrefour* dépendant à la fois de la phonation, de l'acoustique, de la phonétique et de la biologie.

Préalablement à tout travail technique, le professeur doit connaître son élève de manière un peu approfondie dans le domaine physique et psychique, ainsi que son *passé vocal*. Chez certains sujets présentant des difficultés d'assimilation ou de reproduction de hauteur ou de couleur de son, le professeur doit faire procéder à un examen auditif particulier, déterminant les caractéristiques exactes de la perception de l'élève. Il est vrai que peu de phoniatres ont l'habitude et la connaissance de cette démarche.

Il faut savoir en effet qu'au départ de la voix, il y a l'oreille ou, mieux encore, tout le système de perception auditive. La plus grande erreur que l'on puisse commettre est d'oublier que tous les êtres ne sont pas semblables quant à la perception auditive. Du reste, un simple examen audiométrique peut s'avérer, dans certains cas, totalement insuffisant.

Par ailleurs, l'appareil vocal ayant des potentialités évolutives très importantes, la voix peut être améliorée de manière étonnante, aussi bien en qualité qu'en étendue, en puissance et en agilité. Face à toutes ces possibilités, on comprend l'intérêt d'un travail technique très approfondi. Ce travail, qui prend place après le contrôle des dispositions auditives, consiste à éduquer d'abord le souffle, dans la mesure où il est la base même de la technique vocale et le vecteur du son. En effet, les cordes vocales transforment l'air en vibration; mais c'est l'air qui est le son, et non pas les cordes vocales. Or, l'air c'est le souffle. Ce souffle représente toute notre vie, puisqu'il nous permet de pousser notre premier cri quand nous venons au monde, et qu'il est le dernier que nous rendions quand nous quittons ce monde. Il en va de même pour la voix, puisque c'est l'air qui est le son. L'air et le souffle étant une seule et même chose, il est évident que toutes les autres dispositions vocales ne servent à rien sans lui.

Pour améliorer le souffle, il faut faire travailler l'ensemble du corps, mais surtout les muscles inspiratoires et expiratoires. Or, ce souffle doit être distribué et dirigé vers les résonateurs. Les résonateurs, de leur côté, doivent s'ouvrir afin de constituer un excellent réceptacle et garantir les meilleures qualités de réfractions sonores possibles ; les cordes vocales, quant à elles, doivent acquérir tonicité et souplesse à la fois.

On comprend, dès lors, la nécessité d'un travail de technique vocale approfondi qui, seul, permettra d'accéder à une interprétation de haute qualité liée à une voix bien souple et de grande étendue.

Le rôle d'un maître de chant

Il n'est pas nécessaire, disons-le à nouveau au risque de nous répéter, de bien connaître l'anatomie et la physiologie de la voix pour bien chanter. Une oreille exercée et sûre entend systématiquement tous les défauts. Cependant, non seulement cette connaissance aide à les comprendre, mais devient indispensable à qui veut enseigner le chant. Elle permet d'expliquer ce qu'on veut obtenir comme son, amplitude, souplesse, etc. Il reste alors à déterminer la configuration physique et corporelle appréhendée de l'extérieur, tout comme la voix d'ailleurs. Le plus important pour un professeur est d'entendre dès les premières leçons comment va évoluer la voix considérée et quels sont ses points forts pour l'avenir – ce, quel que soit le type de voix.

Contrairement au professeur de violon, par exemple, qui peut voir et donc corriger une mauvaise position de main ou d'épaule, le professeur de chant *doit, lui, entendre la mauvaise position.*

Ce livre comporte des explications parfois approfondies de physiologie et d'anatomie de l'appareil phonatoire. Ne nous y trompons pas : l'on peut être un excellent pilote tout en ignorant le fonctionnement exact du moteur du véhicule piloté. Cependant, quelques notions de ce fonctionnement ajoutées à une oreille attentive pourront permettre de déceler l'origine d'une panne ou d'un dysfonctionnement. Pour conduire un enseignement relatif à la voix, la connaissance de l'appareil phonatoire, bien que complexe, est également souhaitable. Toutefois, il faut n'en retenir que les grands principes et se servir ensuite presque essentiellement de son oreille. Les sensations analysées leçon après leçon avec le professeur permettent, peu à peu, au jeune chanteur d'assurer de plus en plus son autonomie. Il est à préciser que le contrôle, espacé certes, mais permanent d'une oreille extérieure très exercée est fort souhaitable tout au long des dix premières années d'une carrière (et même au-delà), car la voix bien conduite ne va pas cesser de se développer ni de s'améliorer. La voix est le seul instrument qui voit augmenter ses qualités de beauté, de puissance et de souplesse, en corrélation avec la progression de l'instrumentiste. Cette évolution physique et physiologique permanente explique la nécessité d'un contrôle régulier par une oreille exercée et sûre.

Il est indispensable de développer deux mémoires chez le jeune chanteur.
La mémoire pallesthésique consiste en une mémorisation des sensations.
La mémoire kinesthésique est la mémoire des mouvements musculaires dans des situations différentes d'intensités, de hauteurs de notes, de couleur.
Le professeur doit visualiser, en écoutant le chanteur, le fonctionnement de l'appareil phonatoire, et donner ses indications de corrections. Peu à peu l'élève, se référant au conseil du maître de chant, analysera les bonnes sensations, développant ainsi un autocontrôle.

L'oreille

C'est un lieu commun de dire qu'elle est un des organes essentiels de la phonation. On ne doit pas oublier que tout commence par l'oreille. Elle est la condition *sine qua non* de la phonation. On sait que le larynx ne peut reproduire que les sons perçus par l'oreille. C'est pour cette raison qu'un enfant qui naît sourd est fatalement muet. Rappelons qu'il existe trois types d'oreille : *fréquentielle, temporelle, dynamique.*

Cela n'empêche pas qu'il existe aussi une oreille appelée *oreille du chant*. Il semble que peu de gens la possèdent, ce qui rend difficile l'enseignement vocal. À cet égard, une bonne connaissance de la phoniatrie est souhaitable mais insuffisante, car elle ne résout pas les problèmes vocaux. Cette connaissance a ceci de précieux qu'elle permet de comprendre le fonctionnement de l'appareil phonatoire. Toutefois, comme le déclarait le phoniatre François Le Huche (président de l'Association des rééducateurs de la voix – ADRV – à Paris), lors d'une conférence que nous faisions : « Rien ne remplacera jamais l'oreille d'un professeur compétent. »

S'il est vrai qu'une oreille s'éduque, il n'en reste pas moins qu'il faut en ce domaine d'excellentes dispositions naturelles pour, en quelque sorte, *entrer dans l'appareil phonatoire et en visualiser tout le fonctionnement grâce à cette oreille*. Pour faire travailler une voix, mais aussi pour entendre à l'avance, au jugé de l'émission de certaines notes, ce que la voix doit devenir, il faut avoir l'oreille du chant. Entre autres qualités, l'on doit posséder celle de détecter les mauvais positionnements : larynx trop haut, voile du palais trop abaissé, qui entraînent une nasalisation, ou encore une trop grande pression subglottique. Il faut savoir détecter les erreurs éventuelles de tessiture dès la première audition. Enfin, il faut déterminer rapidement les possibilités de cette voix.

Pour évoquer mon cas personnel, je me souviens de l'étonnement de chanteurs, mais aussi de médecins, lorsque, voici quelques années, et plus récemment encore, j'ai détecté, à la seule écoute de sa voix, une maladie sur les ovaires d'une jeune fille. Ces diagnostics établis dès les premières leçons furent confirmés médicalement. Un professeur devrait pouvoir entendre ce très léger voile sur la voix causé chez les femmes par une altération des organes génitaux, tout comme il doit entendre les erreurs de tessiture. Cela prouve bien que l'oreille est totalement déterminante dans la phonation. En outre, on entend dans une voix non seulement les habitus pathologiques du chanteur, mais aussi toutes ses inhibitions. L'art de la pédagogie est indissociable de la connaissance technique, et ne doit pas moins aider à résoudre ces problèmes physiques ou psychiques pour libérer la voix.

- Le capteur : oreille externe jusqu'au tympan.
- Le transmetteur mécanique : oreille moyenne avec ses osselets.
- Le convertisseur : oreille interne. Le capteur est uniquement conçu pour *piéger* et conduire vers le transmetteur la plus grande quantité possible de ce qui lui parvient au moyen de son pavillon, renforcé par des plis et des bourrelets, propres à éviter les résonances parasites.

Nous savons que chez une même personne, les deux oreilles sont rarement d'égale acuité, et que l'on a d'ordinaire une oreille meilleure que l'autre, ce qui occasionne bien évidemment des divergences dans l'équilibre de balance que l'encéphale doit aussi corriger. Si cette différence est trop marquée, le chanteur aura tendance à étirer la bouche d'un côté pour compenser et mieux s'entendre. Il appartient au professeur, avec l'aide d'un spécialiste s'il n'a pas la formation nécessaire, de rééduquer l'oreille déficiente.

D'autre part, il faut tenir compte de trois facteurs fondamentaux liés aux limites de la discrimination sensible. Ce sont :

- la discrimination temporelle : c'est-à-dire le pouvoir séparateur des « tops », ce qu'on appelle l'infra-son ;
- la discrimination fréquentielle : pouvoir séparateur de hauteur des sons ;
- la discrimination dynamique : pouvoir séparateur d'intensité de nuances.

Là encore, selon que l'un des facteurs dominera plus ou moins les autres, l'approche de l'écoute et l'appréhension d'un ébranlement ondulatoire seront dissemblables d'un sujet à un autre. Ces trois discriminations de perception mériteraient d'être explicitées, mais cela entraînerait un développement qui intéresse seulement des spécialistes tournés vers la recherche approfondie des questions de perception auditive.

Pour les sujets déjà âgés, il se produit un phénomène comparable à la presbytie : la fréquence de coupure aiguë est en relation directe avec le vieillissement organique de l'être humain. Il faut remarquer qu'après avoir sans cesse progressé vers le grave tout au long de la vie sous l'effet de la descente continuelle du larynx, la voix masculine a tendance, passé soixante-dix ans, à devenir de plus en plus aiguë. La voix de femme vieillissante, pour sa part, ne grimpe pas vers l'aigu, même à un âge avancé. Pour en rester à la perception, le sujet âgé aura tendance à entendre l'aigu plus sombre qu'il n'est réellement, ce qui dénote un changement du niveau de brillance dans le spectre, c'est-à-dire de la bande de fréquence que l'on discerne le mieux. Un professeur très âgé a donc souvent tendance, pour cette raison-même, à vouloir *éclaircir* la voix de ses élèves.

Dans la normalité, c'est-à-dire sans difficulté particulière de perception de la part de l'élève, le professeur doit impérativement commencer par déterminer la véritable tessiture. Comme indiqué précédemment, le professeur se doit de connaître le passé du jeune chanteur. En effet, il arrive parfois que le chanteur soit influencé par son milieu et chante dans une autre voix que la sienne ; ou le fasse par imitation ou élection d'une tessiture autre que la sienne propre. On a vu notamment plusieurs cas de jeunes filles qui prenaient une voix grave par imitation inconsciente de leur père qu'elles admiraient. Il y a, bien sûr, d'autres cas d'imitation ou de préférence dus à l'influence du milieu culturel.

Nous avons dit que la tessiture doit être déterminée par le spectre vibratoire, la couleur et l'ampleur, ainsi que par les notes de passage dont nous avons parlé précédemment dans cet ouvrage. Ces notes de passage sont très précises pour chaque tessiture. Contrairement à ce que font trop de professeurs, il est à proscrire de choisir la tessiture en fonction de difficultés, dans les notes aiguës notamment. Au nom de la tessiture véritable, il faut encore être vigilant dans le travail vocal avec certaines voix de femmes qui poitrinent systématiquement : c'est, dans la majorité des cas, pour se donner un grave qu'elles n'ont pas naturellement.

La posture (corporelle)

En début d'études vocales, il convient d'apporter un grand soin à la position corporelle, sans pour autant être trop obsédé par une position académique qui entraînerait de la raideur. Il faut se représenter qu'une fois professionnel, le jeune chanteur prendra des positions diverses pour des raisons scéniques. Néanmoins, il ne faut pas confondre le travail vocal de l'étudiant, qui doit être progressif et ressembler à une recherche de laboratoire, avec le travail professionnel où, grâce à la connaissance acquise ainsi qu'à l'habitude vocale, on peut se permettre, quant à la posture, des libertés sans conséquence pour la voix. Un apprenti conducteur lui aussi est plus attentif, mais également moins sûr qu'un conducteur expérimenté.

Le professeur doit, dans tous les cas, veiller à ce que le chanteur ne chante pas en tournant très nettement la tête d'un côté, car cela peut faire fonctionner une corde plus que l'autre par déplacement des aryténoïdes, et entraîner une dysphonie vocale. On a fait, à ce sujet, des études sur des chiens auxquels on a cousu le museau en biais sur le poitrail ; ces chiens ont alors aboyé la tête tournée du côté où leur mâchoire était cousue. Après quelques jours, le dysfonctionnement a entraîné une distension de la corde vocale se trouvant du côté opposé à celui de la couture – corde qui, par déplacement, travaillait davantage. Après une semaine, la dysphonie était si importante que les chiens étaient totalement aphones. Dans le cas où une corde devient plus longue que l'autre, l'accolement n'a plus lieu et l'on n'entend plus qu'un souffle au lieu de l'air vibrant. Il faut donc veiller à ce qu'un élève qui, par exemple, entend moins bien d'une oreille que de l'autre, ne prenne pas l'habitude de tourner la tête d'un côté afin de mieux s'écouter. Si l'on corrigeait cette balance auditive, l'on ne verrait pas non plus de ces chanteurs (parfois même de haut niveau) qui tirent la bouche de côté pour cette même raison.

Dans le cas où une corde se trouve distendue par suite d'un tel défaut d'attitude, il faut obliger l'élève à chanter durant quelque temps avec la tête tournée dans l'autre sens, mais sous haute surveillance du professeur.

N'oublions pas la nécessité d'insister pour empêcher le soulèvement des épaules en début d'émission (souvent en attaque de note). Ce soulèvement, tout comme la respiration *thoracique supérieure* qui en découle, provoque une mauvaise assise de la voix et un serrage au niveau laryngé. Il est d'ailleurs impossible d'obtenir de cette façon un son attaqué sans coup de glotte. Il est par conséquent impossible aussi de commencer une note *legato* de cette manière.

À une époque où beaucoup de chanteurs ne chantent que grâce à de grandes possibilités vocales ou musicales mais en dépit d'une technique souvent défaillante, il nous paraît indispensable de préparer des chanteurs dominant parfaitement leur instrument.

Répétons-le encore, on ne doit pas être obligé de choisir entre des qualités musicales et une bonne technique vocale.

La respiration

L'inspiration

Pour compléter les informations indispensables concernant la respiration, disons ceci : bien entendu la respiration doit être *diaphragmatique intercostale*. Pour l'énoncer plus simplement : on doit respirer assez bas en ouvrant les côtes dites *flottantes*, c'est-à-dire placées au-dessous du sternum. Cela fera malgré tout s'ouvrir le thorax légèrement plus haut, mais cette manière d'inspirer évitera qu'on comprime sa partie supérieure et qu'on entraîne par conséquent des contractions au niveau des muscles d'attache de l'appareil phonatoire.

D'autre part, l'inspiration doit se faire bouche ouverte (même si cela est moins hygiénique, le nez étant doté d'un système pileux protecteur destiné à arrêter les particules de poussière). Grâce à cette inspiration bouche ouverte, les piliers du cou s'ouvrent bien, le larynx descend librement et le vestibule laryngé est bien ouvert. On sait par ailleurs que plus les cordes vocales s'ouvrent à l'inspiration, plus elles viennent s'accoler à la phonation. Lors d'une de mes master-classes, un professeur me dit un jour :

« Moi, je respire par le nez !
– Et dans la *Danza* de Rossini ? lui demandai-je ;
– Là, je respire par la bouche !
– Alors ne chantez pas trop souvent de musique rapide, ou vous allez devoir réviser votre technique ! »

Pour mieux comprendre maintenant la phonation en elle même, il faut avoir présente à l'esprit l'anatomie même de l'appareil phonatoire, en premier lieu sur le plan musculaire.

Le souffle pendant la phonation

Pendant la phonation, c'est-à-dire pendant le chant, il suffira de penser que l'on continue à prendre de l'air pour que les côtes ne s'effondrent pas. Alors, par synergie, le vestibule laryngé et l'arrière-gorge resteront ouverts. Les piliers du voile du palais, très légèrement écartés, garderont aussi leur positionnement. Les côtes ne s'effondrant plus, le diaphragme sera contraint de faire le travail de pompe qui est le sien ; son fonctionnement peut en effet être comparé à celui d'une pompe à bicyclette. On n'aurait pas idée d'étreindre la pompe pour en faire sortir l'air ; c'est le piston intérieur muni d'un joint hermétique qui le pousse. C'est ainsi qu'un diaphragme bien éduqué doit travailler sans effondrement des côtes.

Travail technique de la voix

L'ouverture

Ce travail consiste à ouvrir la cavité rhino-pharyngée et le vestibule laryngé à partir de l'abaissement souple du larynx. Cette ouverture inclut l'étirement latéral du voile du palais et le soulèvement de la partie uvulaire qui en résulte automatiquement, grâce au pivotement du cartilage cricoïde, mécanisme qui vient encore amplifier les vibrations émises par les cordes vocales. Mieux encore, dans la quinte aiguë, le voile du palais va faire fonction de *peau de tambour* et répercuter ces vibrations dans les fosses nasales en les amplifiant encore. Afin que ce développement des vibrations se fasse sans pour autant *tuber* la voix ni la pousser, il s'impose d'instaurer un soutien diaphragmatique et une ouverture intercostale souples mais continus, de façon à maintenir l'ouverture par synergie du vestibule laryngé et de la cavité rhino-pharyngée tout entière. C'est l'apertura (l'ouverture), à laquelle il faut nécessairement adjoindre une projection du son.

La projection du son

Les maîtres italiens l'appelaient la recherche du *squillo*. Cette projection en avant qu'on obtient en pensant le son devant soi, bien qu'il soit fabriqué dans la cavité pharyngée bien ouverte, aura pour effet de produire un son à la fois brillant et rond, évitant ainsi tout risque de le grossir et de tenter de le ravaler. Selon cette méthode, en effet, on cesse de s'entendre par conduction osseuse (ou conduction de l'oreille interne); le son, déjà libre grâce à l'ouverture du vestibule laryngé et de toute la voûte rhino-pharyngée, va, sous l'empire de cette pensée de projection en avant, se répandre amplement et souplement dans la salle.

Cela paraît simple, mais il est nécessaire, pour une telle opération, que tous les éléments intervenant dans la phonation soient en extension souple et bien coordonnés. Lorsqu'il n'y a plus de tension excessive, la pensée suffit à provoquer le bon geste vocal et à obtenir avec facilité le son souhaité. Le bon positionnement laryngé est déterminant pour obtenir ce résultat.

Prenons l'exemple d'un imitateur de chanteurs de variétés. Les tessitures employées pour ce répertoire sont peu étendues et l'emploi de micros dispense de la nécessité d'une voix puissante ; aussi l'interprète n'a-t-il ni inhibition ni tensions particulières. De ce fait, l'imitateur, pour peu qu'il jouisse de quelque souplesse vocale, est capable d'imiter tantôt une voix aiguë, tantôt une voix grave, suivant qu'il abaisse le larynx ou le laisse remonter en fonction de la hauteur des sons, et qu'il modifie la forme du pharynx et de la bouche, ainsi que la forme et la position de la langue pour imiter les différentes couleurs de voix. Cependant, c'est surtout la différence de positionnement laryngé, lequel allonge ou raccourcit le conduit vocal (à la manière d'un trombone), qui permet à la voix d'être aiguë ou grave, claire ou sombre, sans que l'imitateur en soit même parfois conscient. La pensée du modèle à restituer lui suffit, car il n'a pas besoin de puissance ni de notes extrêmes, et n'est donc pas sujet à la contraction ni au stress.

Le chanteur lyrique, quant à lui, doit obtenir une facilité presque aussi grande grâce à la technique d'ouverture et à la souplesse de son instrument, jusque et y compris dans l'aigu.

Les exercices

On a employé abusivement le terme « vocalises » à tout propos. Ce mot provient originellement du mot italien *vocale* (voyelle). La recherche d'ouverture souple sans entrave nécessite en effet un travail presque essentiellement basé sur les voyelles. Plus tard, on ajoutera tout naturellement les consonnes lors du travail des *arie*. Ces exercices obéissent à un ordre dans le travail vocal. Nous allons utiliser le phonème *or* en lieu et place du *a*, voyelle entraînant, lors de l'apprentissage et bien au-delà, un aplatissement de la voix et souvent un retour en arrière du larynx que cette voyelle incite à remonter. Le phonème *or* n'a pas cet inconvénient : il ouvre la cavité pharyngée en étant lui-même un son ouvert, et évite de rester trop en arrière grâce au *r* (roulé). Toutefois, nous aurons besoin ensuite du *ô* fermé que l'on trouve en français, et dans le dialecte napolitain sur les verbes conjugués au futur comme : *avrò, potrò, ritornerò* par exemple. Les maîtres italiens disaient que ce *ô* fermé est le sauveur de la voix. Ce qui est vrai à condition de laisser le pharynx bien ouvert.

Il est à noter que ces verbes conjugués au futur n'appellent pas un *o* aussi fermé dans le reste de l'Italie, notamment au nord. Ce *ô* a pourtant l'avantage d'abaisser le larynx naturellement. On peut s'en rendre compte, ne serait-ce qu'en parlant. Par exemple, lorsqu'on est choqué et que l'on s'exclame : « Oh ! », le larynx s'abaisse effectivement.

Nous emploierons également le son *i* mais aussi le phonème *oui* que l'on trouve dans l'expression *« vieni qui »*. L'avantage de ce *oui* est de maintenir le son en avant, tout en permettant de garder la gorge ouverte plus aisément que par le truchement du *i* employé seul – surtout dans la quinte aiguë.

Ce *i* doit être formé dans le pharynx ouvert puis projeté vers l'avant, et non émis directement en avant, ce qui en réduit la beauté et la rondeur.

À l'occasion d'une laryngoscopie au miroir, le médecin entoure la langue d'une compresse, non seulement pour mieux la tenir sans la souiller, mais aussi pour protéger le frein (ou filet) des incisives inférieures. Il fait alors prononcer les voyelles *é* et *i*. Ce n'est ni un hasard ni une marotte de sa part. Simplement, nous savons que l'effort fourni pour prononcer ces deux voyelles *é* et *i* fait tout simplement remonter le larynx et permet ainsi au praticien de mieux voir l'ensemble épiglotte/cordes vocales/larynx.

L'on comprend dès lors la nécessité d'éviter de travailler ces voyelles isolément, et celle d'y adjoindre d'autres voyelles ou d'autres phonèmes pour contrecarrer une telle remontée laryngée, aussi préjudiciable au chant qu'elle est utile à l'oto-rhino-laryngologiste.

Constitution des voix

Toutes les voix sont constituées de cette manière :

- Première quarte : le grave ;
- Première quinte : le médium ;
- Deuxième quarte : le haut-médium ;
- Deuxième quinte : l'aigu ;
- Troisième quinte : le suraigu, également appelé les *contre-notes*.

Le travail technique commencera par une recherche d'ouverture, suivie d'un assouplissement.

Le premier exercice se fera sur la première quinte descendante. Nous écrivons tous les exercices dans une tonalité convenant aux ténors et sopranos. Pour les mezzos et barytons, il suffira d'abaisser ces exercices d'un ton, et d'une tierce pour les basses et les contraltos.

- Le *or* va ouvrir la cavité pharyngée ;
- Le *ô* va permettre de garder le larynx abaissé ;
- enfin le *oui* aidera à venir encore vers l'avant, et donnera à la voix ce qu'on appelle *l'acuité*.

1) Ce premier exercice ne doit pas dépasser la note de passage.

Le choix du phonème *or* n'est pas innocent. Il est composé de la voyelle *o* ouvert et suivi d'un *r.* Ce phonème à le pouvoir d'ouvrir l'arrière-gorge grâce à ce *o* ouvert, tandis que le *r* peut être tantôt *grasseyé*, c'est-à-dire prononcé du fond de l'arrière-gorge (pour chanter en allemand et pour la musique française), tantôt *roulé* pour dégager la voix en avant *à l'italienne*.

2) Ce deuxième exercice doit toujours se placer en début de travail vocal. Il permet de dépasser l'ouverture souple en réveillant la voix à l'aide de phonèmes composés cette fois de consonnes qui mobilisent la langue contre le palais, pour la libérer ensuite, d'abord sur une sonorité ronde et ouverte *ñior*, puis sur deux voyelles étroites *é* et *i.*

Enfin, grâce aux phonèmes *vro, vraï,* nous allons décontracter la langue. Or, la langue est reliée à l'os hyoïde et celui-ci au larynx. En la décontractant, on décontracte du même coup les organes essentiels de l'appareil phonatoire. Remarquez le *i* en diphtongue dans *vraï,* afin que le *a* ne reste pas en arrière.

3) C'est un exercice d'assouplissement de la voix qui doit être assez rapide. Il est composé d'un mélange de voyelles rondes (*or* et *o*) et de voyelles latérales *é* et *i.* Il réclame de veiller à l'ouverture souple des côtes, ouverture qui ne doit jamais se faire à cent pour cent, de peur d'entraîner un blocage.

Pour rester souple, pensez que vous fabriquez de l'air en chantant au lieu d'en perdre. La seule pensée d'une extension empêche le durcissement.

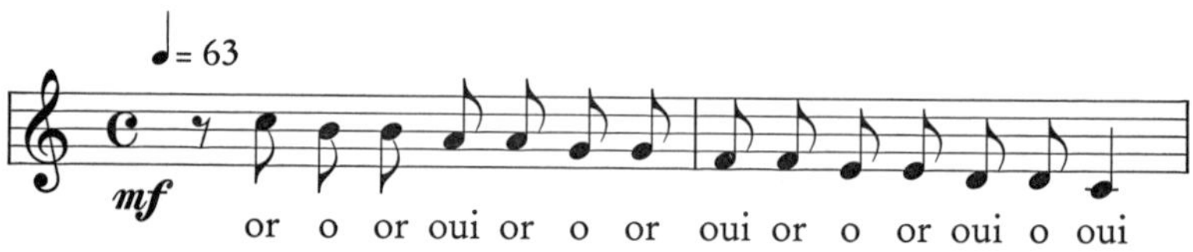

4) Maintenant que nous avons commencé à ouvrir la voix avec le premier exercice, puis à trouver le mordant avec le deuxième, et que nous l'avons ensuite assouplie avec le troisième exercice, nous allons continuer à chercher l'ouverture en employant les mêmes phonèmes que dans le premier exercice, mais sur *toute une gamme*. Cela permet d'éduquer également le souffle. Nous terminerons le grave, par les deux voyelles *ô* et *i* : le *ô* va laisser le larynx en position basse pour améliorer le grave, et le *i* va permettre de mieux projeter la voix en avant en tant qu'il est une voyelle latérale, et celle de sa catégorie qui vient sonner le plus avant dans la cavité buccale.

5) Cet exercice est l'un des plus importants. Les maîtres italiens du siècle passé considéraient que garder la gorge ouverte sur une voyelle fermée était le *nec plus ultra*, le sommet de la technique vocale : *gola aperta con vocale chiusa*. C'est en effet démontrable. Si toute l'arrière-gorge, la cavité buccale et pharyngée restent ouvertes sur la voyelle fermée *ô*, alors que cette voyelle permet en outre à la voix d'être en avant grâce au travail labial d'une part, et à l'abaissement laryngé que cette voyelle provoque d'autre part, nous obtenons un son rond gorge ouverte doublé d'une projection du son. Et dans la mesure où la gorge reste ouverte jusque sur une voyelle fermée, tout serrage disparaîtra, les voyelles ouvertes n'entraînant pas ce type de défaut.

Pour éviter qu'il y ait fermeture et serrage sur les voyelles latérales *é* et *i*, il faudra les travailler en les mélangeant aux voyelles ouvertes. Dans cette perspective, nous avons placé le *ô* fermé entre deux phonèmes ouverts *or*, afin que la gorge reste ouverte. Reste à faire basculer le larynx : le phonème *lon* va étirer légèrement la lèvre supérieure, le *l* de *lon* aider à maintenir le son en avant. Le phonème *on*, tout comme le *ô*, va aider l'abaissement du larynx, et la bascule va s'opérer en provoquant l'étirement de la partie uvulaire du voile du palais et des piliers. C'est à la faveur de ce même étirement que nous pourrons apprendre à chanter les nasales, voile du palais tendu. Il n'y aura plus de son *nasillé* mais seulement *nasal*, les vibrations frappant le voile en s'amplifiant avant d'atteindre les fosses nasales, au lieu d'aller taper directement dedans. Quand la totalité du voile du palais reste au contraire en position basse, cela provoque un son nasillard, néfaste à la qualité de la voix.

6) Cet exercice est le premier qui parte du grave. Composé de tierces et de quintes, il est assez rapide (mais pas trop) et va permettre d'aller assez haut tout en gardant la rondeur, grâce au travail d'ouverture pratiqué avec les précédents exercices. Le fait de travailler par tierces et quintes en reprenant la note la plus grave pour progresser demi-ton par demi-ton, permet de monter à l'aigu sans remonter le larynx, comme cela se produirait si cet exercice était composé de notes ascendantes en continu.

Cet exercice requiert d'inspirer en simulant la surprise, l'étonnement, afin de conserver une ouverture thoracique très souple. Comme dans tous les exercices, il faut imaginer durant la phonation (c'est-à-dire pendant qu'on chante) que l'on prend de l'air, ou mieux encore que le corps en fabrique. Cette pensée, qui n'a rien de scientifique, permet néanmoins de ne pas amener de contraction musculaire néfaste et rétractive en empêchant que ne se déclenche le processus agonistes/antagonistes.

7) C'est l'exercice par excellence, la recherche de *l'aperto-coperto*. En quoi consiste cette recherche de l'ouvert-couvert ? On a beaucoup employé cette expression, mais on en a donné des interprétations parfois contestables.

Il faut à ce propos veiller à ne pas mélanger les expressions, et ne pas dire à un chanteur : « C'est trop ouvert ! », sans préciser que le reproche s'adresse au son et non à la gorge. En effet, la gorge ne peut pas être trop ouverte. Si on voulait l'ouvrir exagérément, nous savons que les muscles antagonistes à cette ouverture se contracteraient. Par « trop ouvert », on veut signifier que le son est trop clair, pas assez riche en harmoniques, et donc trop détimbré. Cette expression, elle aussi, est inadaptée. En effet, dans le cas où un son est plat, trop clair, détimbré, c'est en réalité que le larynx est trop haut et en arrière. Pour pallier ce défaut, il est bon, après avoir ouvert l'arrière-gorge en synergie avec les côtes, de se représenter que le son retombe en avant de soi à la manière d'une vague ou d'un capuchon de moine qui serait cousu au niveau de la taille (plutôt qu'aux épaules), et que l'on rabattrait sur la tête bien en avant. Suivant ce schéma mental, le larynx, à l'instar du capuchon, s'abaisse et se place plus en avant qu'il n'était, grâce à la bascule crico-thyroïdienne. En s'abaissant, le larynx allonge la cavité de résonance, enrichissant la voix par l'apport d'harmoniques graves. De plus, le larynx se positionnant vers l'avant, les vibrations émises par les cordes vocales vont pouvoir traverser, depuis l'arrière-gorge, l'ensemble de la résonance.

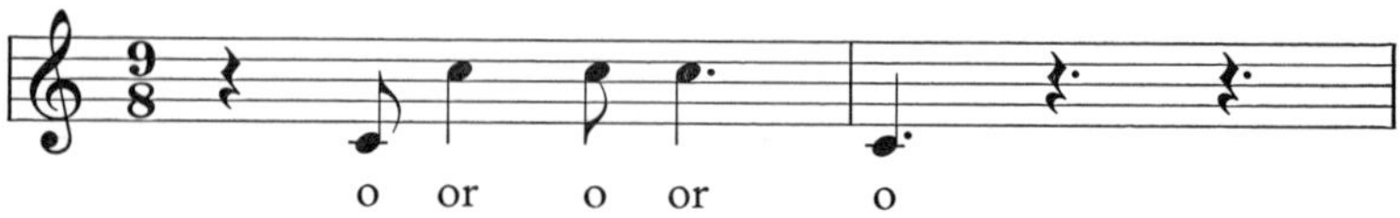

8) Nous pourrons ensuite travailler les octaves. En nous référant à la position du grave, nous allons habituer le larynx à rester dans la position de la note la plus basse. Pour y réussir, il est conseillé de ne pas penser que l'on chante l'octave, mais la même note qui s'élargit. Grâce aux phonèmes *or* (ouvert) et *ô* (fermé), à nouveau suivis du *or* (ouvert), nous allons habituer la gorge à rester ouverte quel que soit le phonème. Toute la cavité pharyngée restant ouverte, ce sont les lèvres qui vont aider à former la voyelle. S'il s'agissait d'une voyelle latérale, par exemple *é* ou *i*, il y aurait un léger déplacement de la langue. Avec une véritable technique, on n'articule pas de manière très accentuée, on « prononce ». Les sons sont alors produits et amplifiés avec et dans un pharynx bien ouvert. Ensuite, en pensant à ramener le son vers l'avant à la manière d'une vague qui retombe, on obtient la projection d'un son commencé dans la rondeur grâce à l'ouverture libre du pharynx. Enfin, grâce au saut d'octave justement, les sons prononcés en gardant le larynx dans la position initiale de la note grave vont garder la richesse harmonique des notes basses.

Encore une image pour aider à garder le larynx en bas, gorge ouverte : penser à un caillou que l'on jette dans l'eau. Quand l'onde de choc se répand dans l'eau, les ronds s'agrandissent de plus en plus ; imaginer alors, en montant dans l'aigu, que thorax et gorge s'agrandissent de la même manière.

9) Cet exercice est à plusieurs visées : composé du phonème ouvert *or*, il permet d'ouvrir la cavité rhino-pharyngée. De surcroît, les *ô* fermés permettent, pour leur part, de conserver la rondeur du son sur un larynx en position basse et légèrement basculé en avant. Le phonème *oui*, quant à lui, permet de garder le son bien en avant, mais sur une gorge ouverte. Enfin, grâce aux *i* successifs, les notes graves s'émettront bien en avant, mais sans être resserrées, aidées en cela par le phonème *oui* qui précède. Cette suite de *ô* fermés favorise évidemment le rondeur de la voix, cependant que, grâce au *or*, l'arrière-gorge restera ouverte.

Par ailleurs, cet exercice doit être exécuté dans un tempo rapide, car c'est aussi un exercice d'agilité. Enfin, pour les soprani aigus, il faut, à partir du *la* aigu, chanter une fois *legato* et une seconde fois *staccato*. Il est avantageux de commencer par faire l'exercice *legato* pour garder la beauté et la rondeur de la pâte vocale. Les notes *staccati*, exécutées à la suite des mêmes notes *legati*, conféreront l'agilité indispensable à la voix.

10) Les *staccati* ou notes piquées.

Après avoir inspiré profondément, tenir les côtes bien ouvertes. Puis envoyer le souffle à la manière d'un jet d'eau intermittent qui viendrait frapper l'extrémité du voile du palais au niveau de la luette depuis le diaphragme. Cet exercice doit débuter sur *or* et continuer avec une succession de *ô* fermés. Cette dernière voyelle permet, comme nous l'avons vu précédemment, de garder le larynx naturellement bas tout en faisant bien revenir le son vers l'avant. Il ne faut pas que le corps soit secoué, comme on le voit trop souvent pour l'émission de ces sons *staccati* : ces attaques volontaires se contentent d'arriver sous le palais à la manière d'un petit jet d'eau intermittent. Ce procédé permet de faire entendre chaque son bien détaché et bien timbré.

Enfin la voyelle *i* permettra de garder la voix bien en avant, tandis que le *oui* qui la précède évitera à la gorge de se resserrer.

11) Le trille.

C'est un ornement qui consiste en des battements de deux notes. Il est indiqué par le signe *tr*; il doit être marqué sur la note la plus grave.

Il faut considérer trois éléments dans le trille :

1. la préparation ;
2. les battements ;
3. la terminaison.

En principe, à la façon italienne, le trille commence par la note écrite. Jusqu'au XIXe siècle, on le commençait par la note supérieure, ce qu'on fait encore quand la partition le précise. La qualité d'un trille dépend de la rapidité, de la régularité, de la souplesse. Pour travailler le trille, on doit commencer très lentement puis accélérer.

Peu à peu, l'accélération se fait facilement en soutenant davantage le souffle et en augmentant légèrement la pression. Au fur et à mesure, on l'exécutera de plus en plus vite.

12) Cet exercice, dont le but est l'acquisition d'une grande agilité, est destiné tout spécialement aux voix légères pour lesquelles il a été composé. Contrairement aux exercices d'agilité habituels qui emploient des notes ascendantes en continu, celui-ci, en tierces, suit une progression appelée « progression en V », c'est-à-dire qu'après l'intervalle de tierce, on redescend d'un ton pour remonter sur la nouvelle tierce. De cette manière, le larynx est beaucoup moins entraîné vers le haut que dans les exercices qui n'utilisent que des notes conjointes ascendantes. À un premier palier, on s'arrête sur la dernière tierce montante afin de laisser la voix s'épanouir. Vous remarquerez que cette dernière note se chante sur le phonème *or*, afin de laisser la cavité pharyngée bien ouverte. Ensuite, on redescend sur des *ô* qui vont aider la voix à s'arrondir, et des *i* qui vont favoriser sa projection en avant. La descente doit se faire dans un tempo *prestissimo*, alors que la montée doit se faire dans un tempo *andante* (c'est-à-dire *allant*) mais *sostenuto* et ce, pas trop vite, afin de bien ouvrir la voix au cours de cette montée.

13) Cet exercice doit être chanté comme on lancerait à terre une balle qui rebondirait. En effet, lorsqu'on lance une balle et qu'elle rebondit, l'effort ne porte pas sur le rebondissement mais sur le lancer. Elle rebondit ensuite grâce à l'énergie avec laquelle on l'a propulsée à terre. Dans le cas de cet exercice, l'énergie sera souple. Pensez que vous lancez sans beaucoup d'efforts (c'est-à-dire assez souplement) la balle à terre lorsque vous chantez la première note, et ne faites plus aucun effort sur la seconde (la plus haute), tout comme si elle rebondissait.

Cette manière de penser va vous permettre de vous habituer à monter dans l'aigu sans contraction et sans stress. Vous vous accoutumerez ainsi peu à peu à imaginer que vous vous détendez en montant à l'aigu. L'alternance *ô/or* (fermé/ouvert) puis *or/maï* (encore plus ouvert et plus mordant grâce au *m* de *maï*) permet de libérer la voix sur des aigus bien souples et chantés sans efforts.

14) Cet exercice est à faire systématiquement, et il est souhaitable de l'exécuter dans les tout derniers. Son but est d'améliorer le grave en faisant « sonner » les notes du bas médium et du grave bien en avant. Le phonème *or* ouvre la cavité buccale et l'arrière-gorge ; les phonèmes *ñior/ñié/ñi* amènent la pointe de la langue contre les dents supérieures, et procurent le mordant de la voix. Profitant de cela, on est en mesure d'habituer la voix à « sonner » à cette place grâce à des voyelles pures qui sonnent en avant

de la face, ce que font naturellement les *é* et les *i*. Vous remarquerez que ces voyelles *é* et *i* ne font pas reculer les notes graves. On peut ensuite chanter des voyelles plus rondes à la même place.

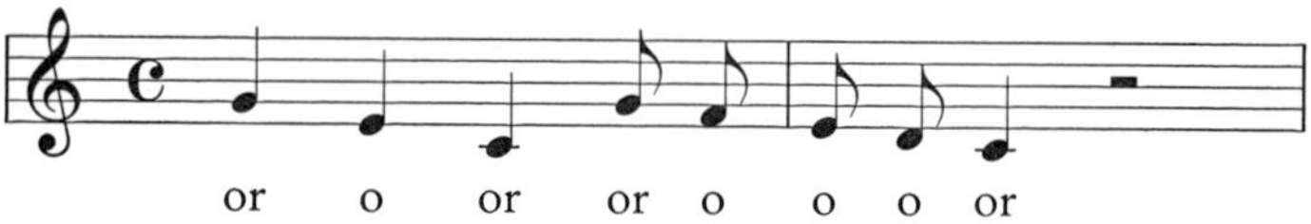

15) Les sons poitrinés (pour les voix de femmes).

Il faut éviter de *tasser*, d'*écraser* la voix sous prétexte qu'on est dans le grave.

Le larynx est en position basse, mais il est soumis à une volonté de *bascule* analogue au mouvement d'une vague qui s'enroule. La position de l'appareil phonatoire pour un son poitriné est exactement la même que pour un son très aigu.

Afin de ne pas *écraser* le son, il est nécessaire de travailler les sons poitrinés par le moyen d'un exercice aux notes descendantes. On chante le son *or* (afin de bien ouvrir l'arrière-gorge), suivi de la voyelle *ô* fermé afin que le larynx ne remonte pas, et l'on finit sur *or* afin de rouvrir davantage encore la cavité buccale et d'accentuer le son poitriné. Cette bascule, comparable à l'aigu, va permettre à l'ensemble laryngé d'être très bas et incliné vers l'avant. De cette manière, les vibrations de poitrine deviennent très importantes sans que l'on soit obligé d'appuyer les sons. Pensez toujours à projeter le son en avant afin de ne pas engorger les sons graves. Cet exercice est exécuté sur un arpège, puis sur des notes conjointes avec un *or* au début et un *or* à la fin; les intermédiaires se font sur *ô* fermé.

Cet exercice, contrairement aux autres, suit une progression descendante.

Vous avez désormais, grâce aux exercices précédents, ouvert les résonateurs, assoupli la voix, amélioré votre souffle, travaillé les staccati, les sons poitrinés et les trilles. Voici maintenant, avant d'aborder le chapitre des « nuances » et de parler « exécution musicale », deux exercices avec paroles. Le premier est extrait du *Comte Ory* de Rossini. Il demeure un très bel exemple de vélocité avec une ligne mélodique inspirée. Le texte est composé de la plupart des phonèmes utiles aux chanteurs. On doit l'exécuter dans un tempo assez lent puis l'accélérer jusqu'au tempo indiqué par Rossini. Il s'adresse aux sopranos légers et lyriques légers. Cette vocalise est à la fois un exercice de virtuosité mais fait aussi travailler le souffle. On y trouve presque tous les phonèmes français. Enfin, elle contribue à améliorer la prononciation.

Le second peut être exécuté par toutes les voix, mais il est particulièrement indiqué aux ténors pour lesquels il a été écrit au départ. Nous en avons créé les paroles en étudiant au préalable chaque phonème employé afin de favoriser l'ouverture, l'éclat vocal et la projection du son. Remarquez la présence de deux sonorités successives mais différentes (*Ah !* exclamation, et *a* de *amor*). Entraînez-vous à faire un son plus sombre et un plus clair puis un plus fort et un plus faible afin de travailler à la fois les nuances d'intensités et les nuances de couleur.

Cet exercice, avec les mots employés ici, favorise le travail labial tout en gardant la cavité pharyngo-buccale bien ouverte. Il est recommandé notamment pour les voix de ténor auxquelles il apporte plus d'éclat en donnant du « mordant » et aussi en amplifiant la résonance palatale.

Les nuances

Les nuances sont à la musique ce que les saisons sont à la nature. Chacune des quatre saisons a son charme incomparable, mais ne peut satisfaire totalement nos désirs. Le printemps fait renaître les fleurs et les feuillages embaumant l'air qui s'adoucit. Cependant, il fait trop froid encore pour les promenades en tenue légère et les baignades. Il nous manque l'été brûlant, ses moissons dorées et ses nuits tièdes. C'est alors que nous vient l'envie des beaux fruits de l'automne et de ses feuillages multicolores. Mais le vent d'hiver emporte déjà les feuilles décolorées et nous fait rêver de neige et de soirées intimes au coin du feu. Et là, on attend à nouveau le printemps et l'éternelle renaissance de la nature comme la ré-exposition d'un thème musical à l'infini.

L'oreille, elle aussi, a besoin d'une palette de couleurs et de sons d'intensités très variées.

L'auditeur perdrait rapidement tout intérêt pour une musique privée de ces alternances. L'orchestre dispose d'instruments très diversifiés qui peuvent alterner les sonorités et les mélanger. On comprend alors que le chanteur doive lui aussi moduler son chant, mais à la manière d'un instrument soliste. Tout comme un comédien disant son texte, il se plaira à donner des intonations différentes afin de captiver son public. Il lui faudra néanmoins, tout en faisant ces nuances de couleurs et d'intensités, garder l'homogénéité de la voix sur toute sa tessiture – ce, grâce à un bon soutien diaphragmatique et à une ouverture pharyngée souple.

Le *pianissimo*.

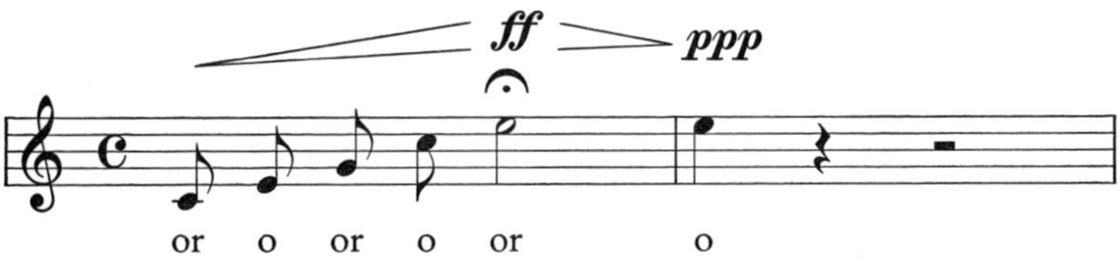

Pour réussir le *pianissimo*, il faut, contrairement à ce que font beaucoup de chanteurs, garder la même ouverture que pour un *fortissimo*, mais en diminuant la pression diaphragmatique. On compare souvent les cavités de résonance à une cathédrale. Que le son soit *fortissimo* ou *pianissimo*, il ne faut pas modifier cette cathédrale et, par conséquent, son acoustique. Un son *pianissimo* ne doit pas non plus être ravalé. À cet effet, au fur et à mesure que l'on diminue l'intensité, il faut penser le son de plus en plus en avant afin qu'il conserve une grande richesse harmonique.

Voici un exercice destiné à améliorer le *pianissimo*.

Il commence par un son ouvert afin de libérer la gorge. Il obéit à une alternance son ouvert/son fermé, en terminant dans l'aigu par un son ouvert afin que la voix tourne librement. Ce son doit être émis *forte*, et l'on s'attachera à le diminuer en le pensant de plus en plus en avant et en imaginant qu'on est en train d'inspirer, afin que tout l'appareil phonatoire reste souple. Il faut aussi que le son ouvert *o* se rapproche progressivement du *ô* fermé mais sans qu'on omette de toujours garder la gorge ouverte.

La messa di voce

Tout bon chanteur doit pouvoir la pratiquer. Elle consiste à prendre un son *pianissimo*, à l'augmenter en passant au *piano* puis au *mezzo-forte* jusqu'au *fortissimo*, et à revenir progressivement au *pianissimo*. Contrairement à ce qu'ont enseigné plusieurs écoles, il ne faut pas chercher à passer de la voix de poitrine à la voix de tête, ni changer de registration dite lourde pour une plus légère. Il est nécessaire de distribuer le souffle souplement, en laissant les côtes bien ouvertes, afin que les résonateurs restent eux aussi ouverts par synergie. La registration dite lourde est celle qui consiste principalement en un travail des cordes vocales, alors que la registration dite légère consiste en un travail plus spécifique des ligaments vocaux. Si la technique de gestion du souffle et d'ouverture souple de la voûte rhino-pharyngée est appliquée, on arrive, après quelques mois d'un bon travail, à réussir la *messa di voce* sur l'ensemble de la tessiture. Comme peu de chanteurs professionnels y parviennent, il faut en déduire que peu d'entre eux également possèdent réellement une bonne technique, quelles que soient leurs facilités vocales par ailleurs ou la beauté de leur timbre, ce qui est une autre affaire.

Pour bien effectuer une *messa di voce*, il faut travailler la souplesse des côtes, en faisant l'exercice qui consiste à imiter un chien qui vient de courir et respire très vite. Sur cette base, il faut chanter une note *forte* en la prolongeant le plus longtemps possible ; puis la même chose sur une note *mezzo-forte*. Enfin, il faut inspirer largement comme pour chanter un *ff* (*fortissimo*), et commencer à chanter le plus *piano* possible. On s'aperçoit alors qu'on peut très bien avoir le thorax et la gorge largement ouverts sans pour autant donner une grande pression. Mais cela se découvre peu à peu. On peut alors opérer un véritable réglage de la pression diaphragmatique selon le schéma suivant : conservez toujours l'impression d'inspirer au lieu de perdre de l'air – ce qui permet de rester ouvert souplement. Puis inspirez largement et chantez *fortissimo* ; essayez ensuite de régler la pression du diaphragme sans refermer les côtes. Pour ce faire, restez dans la position de quelqu'un agréablement surpris par l'arrivée d'un ami (et qui, les premières secondes, inspire en ouvrant la bouche pour dire sa joie) ; gardez cette position, et enlevez encore la pression du souffle en pensant le son de plus en plus en avant. Quand vous aurez réussi cela, vous adopterez le processus inverse qui consiste à commencer *pianissimo* pour aller jusqu'au *fortissimo* – le tout dans une grande souplesse.

Le fortissimo

Nous l'avons écrit précédemment, tout excès de pression entraîne des contractions qui referment et durcissent l'appareil phonatoire. En outre, une trop grande pression provoque une raideur qui empêche le son de tourner librement. Pour obtenir un son ample et puissant, il faut veiller à un bon soutien diaphragmatique. Nous disons *soutien*, et non *appui*. Ce mot *appui* est inadéquat. Le *soutien* vient de la sangle pubienne et de la sangle abdominale qui se rétractent au fur et à mesure que les poumons se vident, c'est-à-dire à la remontée du diaphragme. Les côtes largement écartées vont maintenir le diaphragme stable. Il n'est donc nul besoin d'*appuyer*. Ce parti pris d'*appui* contracterait tout l'ensemble laryngé à la manière d'un effort destiné à soulever un objet lourd. Dans ce cas, les vibrations cessent de dessiner d'amples sinusoïdes à cause de la contraction provoquée; la voix ne se répand plus de manière ample et souple dans la salle. Pour les sons *fortissimo* dans l'aigu, il est nécessaire de compléter le geste en ouvrant légèrement le bas du dos.

La volonté de chanter *fortissimo* est déclenchée, elle aussi, par le cerveau via les nerfs récurrents (appelés aussi récurrentiels) qui commandent les cordes vocales. C'est le changement de pression dans le soutien diaphragmatique et celui des sangles pubienne et abdominale, qui permettra d'aller peu à peu vers le *forte*, puis le *mezzo-forte*, le *piano,* enfin le *pianissimo*. La gorge, quant à elle, devra rester toujours ouverte, et il faudra penser le son bien en avant pour lui garder sa projection – ce qu'on appelle aussi le son *squillo*.

L'organisation du travail vocal

La durée du travail quotidien

Hors toute considération technique, il convient de répartir le travail vocal et de l'organiser.

Pour un professionnel, l'effort vocal est considérable. Mais si les compositeurs, recherchant la virtuosité, ont repoussé les limites de l'instrument vocal, ils ont corrélativement presque toujours économisé la durée de l'effort: la durée des mélodies ou des Lieder est relativement courte et ne pose pas ce genre de problème pour qui sait limiter leur nombre dans un concert.

Dans les ouvrages lyriques, les compositeurs ont ménagé des temps de repos suffisants entre les interventions (airs, duos, trios ou ensembles). Ainsi, par exemple, la totalité des interventions chantées de Don José dans *Carmen* de Bizet, n'excède pas quarante-deux minutes quand on les met bout à bout. Il serait long et fastidieux de citer de multiples illustrations de cette précaution d'écriture.

Pour les ouvrages wagnériens (et quelques autres), il en est tout autrement. Cependant, même dans ce répertoire, le chanteur bénéficie de pauses qui lui permettent de reposer sa voix.

Il faut ajouter, pour être tout à fait objectif, que ces difficultés, ce sont des professionnels aguerris qui les affrontent, aidés par des années d'apprentissage préalables.

Aussi s'avère-t-il néfaste de travailler les airs du répertoire durant des heures, non seulement pour les élèves, mais également pour tout chanteur, à moins qu'il ne s'y voie contraint. Il faut observer de larges interruptions pour reposer la voix. Le mieux est de travailler quatre à cinq fois par jour en ne dépassant pas vingt à trente minutes par séance. Le travail d'apprentissage musical et textuel doit se faire, pour une grande part, sans chanter. Pour ce qui concerne le travail avec pianiste, une grande vigilance s'impose : certains pianistes, en effet, ne s'occupent que de l'aspect musical et ont une fâcheuse tendance à faire répéter beaucoup trop, sans se soucier de la fatigue vocale : fatigue due notamment aux répétitions de notes extrêmes – celles-là mêmes qui le plus souvent posent des problèmes.

Par ailleurs, et sans intenter de procès à quiconque, il faut bien dire que le chanteur se trouve entouré et dirigé par des musiciens qui ne connaissent pas les sensations internes afférentes à la voix. Celle-ci est d'ailleurs le seul instrument au sujet duquel des personnes qui ne l'ont jamais pratiqué donnent non seulement leur avis, mais imposent trop souvent leur façon de voir. Pour nous résumer, le chanteur doit toujours se référer à l'enseignement technique reçu si celui-ci lui a pleinement réussi.

De telles précautions prises, le travail musical avec les pianistes-chefs de chant deviendra sans doute très efficace.

Le repos vocal

S'il est vrai qu'un travail vocal trop intensif est à déconseiller, le repos vocal total trop prolongé l'est presque autant. Il peut entraîner pour un sujet normal un traumatisme profond ; mais, chez le chanteur, il peut être rédhibitoire. Il est même arrivé à des patients non chanteurs de développer des traumatismes de substitution dus à ce mutisme forcé. Bien entendu, le repos vocal est à prescrire dans certains cas, mais sans se prolonger trop longtemps ; il exige de faire place ensuite à un travail prudent et très court. Il existe un exercice qui permet un véritable massage des cordes vocales. Le résultat en est spectaculaire, à condition toutefois de l'effectuer avec une grande précision et en respectant les phonèmes prescrits par le grand maître Lombardi. Cet exercice doit être montré et exécuté par le professeur ; c'est la raison pour laquelle il a traversé le siècle en restant pratiquement inconnu. Il est difficile, en effet, de l'expliciter dans un livre car il implique de ressentir deux sensations physiques principales.

Marquer est-il reposant ou fatiguant pour la voix ?

À notre époque où le chanteur voyage beaucoup et chante un répertoire à la fois très varié et pas toujours adapté à sa voix, il importe de prendre des précautions pour conserver longtemps un bon état vocal. Pour comble, le chanteur ne bénéficie plus, hélas, de l'intérêt primordial dont il jouissait voici encore cinquante ans. Aujourd'hui, le metteur en scène et le chef d'orchestre règnent sans partage sur les distributions et l'organisation du travail. Il faut reconnaître que l'excès inverse a longtemps existé et que nombre de chanteurs n'accordaient pas assez d'intérêt à la rigueur musicale, ni surtout aux ressorts scéniques des ouvrages lyriques.

Malheureusement, nous voici tombés d'un excès dans l'autre. On a même vu un grand théâtre lyrique européen annoncer ses représentations par des affiches mentionnant uniquement les noms du compositeur, du metteur en scène et du chef d'orchestre sans ceux des chanteurs ! De nos jours également, on a augmenté le rythme et la durée des répétitions sans souci de la fatigue vocale qui peut en résulter. Pour toutes ces raisons, les chanteurs recherchent tout moyen d'économiser leur capital vocal.

Disons sans ambiguïté que la véritable solution consiste à acquérir, dès l'abord, une solide technique. C'est à ce prix que les problèmes de fatigue disparaissent, sauf en cas de répétitions trop intensives. Néanmoins, ainsi que nous le disions au début de ce sous-chapitre, les chanteurs se déplacent énormément grâce à l'avion et chantent bien plus fréquemment qu'autrefois. De surcroît, les orchestres ont vu leurs effectifs facilement doubler depuis Verdi (qui est mort en 1901, ce qui n'est pas si ancien). Enfin, les salles des théâtres récents sont plus vastes. Le chanteur doit donc jouir impérativement d'une remarquable santé vocale et d'une excellente technique, outre ses aptitudes musicales et scéniques.

Il faut savoir que répéter à mi-voix est très préjudiciable pour l'instrument, et à déconseiller totalement. En effet, ce faisant, les cordes vocales ne viennent pas s'accoler suffisamment ; la pression sous-glottique – dont nous aimons à dire et répéter qu'elle ne doit pas être trop forte – est dans ce cas insuffisante. On crée donc une habitude de mauvais accolement des cordes et un soutien diaphragmatique déficient. Les cordes, ne s'accolant pas parfaitement, laissent passer de l'air ; c'est la raison pour laquelle la voix devient peu puissante. Le chanteur peut croire alors qu'il repose sa voix ; en réalité, il chante sur des cordes insuffisamment tendues et donc mal accolées avec une respiration incomplète, donc avec un mauvais soutien du souffle.

Après toutes ces considérations indispensables, nous en arrivons à la question : faut-il *marquer* ? Expliquons d'abord, pour ceux qui ne connaissent pas cette expression, en quoi consiste l'action de *marquer*. Lors des répétitions de passages très difficiles, certains chanteurs *marquent* – ce qui veut dire qu'ils n'émettent pas les notes aiguës et enlèvent une partie de la pression, ou encore chantent à l'octave inférieure l'ensemble de ces passages. On peut effectivement *marquer* en chantant les notes aiguës à l'octave ; il est en revanche déconseillé de chanter les notes du médium à l'octave, comme le font certains. Les cordes vocales se retrouvent alors très détendues, car un médium chanté à l'octave inférieure devient, du coup, trop grave ; au lieu de reposer la voix, on la fatigue et l'on supprime la tonicité des cordes si l'on chante souvent de cette façon.

En conclusion, on peut dire qu'un chanteur en possession d'une bonne technique chante si facilement qu'il se fatigue peu. Toutefois, si l'on doit répéter des notes très aiguës durant un temps prolongé, on pourra chanter ces notes à l'octave, mais uniquement lorsqu'il s'agira des notes extrêmes. On peut aussi enlever un peu de pression, *mais très peu*, afin de garder un soutien diaphragmatique intercostal approprié.

La technique vocale au service de l'interprétation

Nous insistons sur l'approfondissement d'un travail vocal soutenu et précis. Le chanteur, nous l'avons vu, est le seul à posséder un instrument vivant capable de se développer de manière étonnante. C'est aussi le seul instrument pouvant dire du texte. Dès lors, les possibilités d'expression sont remarquables et le chanteur doit être un excellent musicien doublé d'un véritable comédien. Or, pour laisser s'épanouir l'interprétation à la fois musicale et scénique, il convient indéniablement de dominer son instrument sur le plan technique. On a trop tendance, dans les structures d'enseignement, à privilégier immédiatement et presque uniquement l'interprétation – on dit aussi la « musicalité ». Là encore, il faut être clair : avec un peu d'exigence, on ne peut considérer qu'un chanteur, aussi musicien soit-il, chante avec musicalité tant que la voix n'est pas totalement libre et que des notes sont atteintes difficilement ou manquent d'harmoniques. Il en est de même quand cette voix n'est pas pourvue d'un bon *legato,* ou lorsque les notes difficiles sont attaquées avec des coups de glotte. On se rend compte alors de l'importance primordiale, incontournable, du travail technique approfondi, destiné à atteindre une véritable musicalité.

Beaucoup de chanteurs célèbres ont accompli leur carrière grâce à des dispositions vocales, scéniques ou musicales enviables, ou aux trois à la fois. Il n'en reste pas moins que seuls quelques-uns, tels Beniamino Gigli, Jussi Björling, Mirella Freni, Piero Cappuccilli, Carlo Bergonzi (et quelques autres), ont chanté grâce à une véritable technique. Ceux-là, curieusement, n'ont pas ou peu enseigné. On entend certains professeurs déclarer : « Enseigner, c'est apprendre deux fois. » Certes, mais lorsqu'on possède une mauvaise technique et qu'on a donc mal appris, « enseigner, c'est désapprendre deux fois » !

Ainsi est-il facile de mesurer les difficultés posées par l'enseignement du chant.

Finalité des études

Pour ne pas perdre de vue la finalité de ses études vocales, le chanteur doit approfondir sa technique afin de pouvoir s'en libérer ensuite totalement sur scène, sans que la beauté vocale en souffre. Répétons-le, on ne doit pas être contraint de choisir entre la musicalité et l'art de

Histoire vécue

Naguère, il est vrai, le chanteur était très proche de son public.

Un jour, le grand ténor Cezar Vezzani était très enrhumé et malgré mille efforts, la voix ne sortait qu'avec de grandes difficultés. Alors, Vezzani fait signe au chef d'arrêter et s'adresse au public tout en se frottant la poitrine :

« Cher public, il y a dix ténors là-dedans, ce soir il n'y en a pas un qui veut chanter ! »

chanter. De même, dans la progression du travail, et comme nous l'avons déjà dit précédemment, il faut commencer par sortir la voix, puis l'assouplir – ce qui veut dire aussi que, contrairement à ce qui se fait le plus souvent dans les établissements d'enseignement officiels, l'on doit, dès que l'élève a travaillé les airs classiques, lui faire travailler des airs d'opéras pour libérer sa voix et lui permettre, dans la souplesse, d'atteindre le maximum de ses possibilités. Alors, seulement, on abordera le Lied et la mélodie avec facilité en ce qui concerne le plan vocal.

Ne dit-on pas « qui peut le plus, peut le moins » ? Mais qui peut le moins ? Bref, qu'on ne se trompe pas de démarche : l'étude des Lieder et mélodies complétera la formation musicale et artistique. Nous disons *complétera*, car il ne faudrait pas considérer qu'on ne fait pas d'interprétation musicale en travaillant les grands airs du répertoire d'opéra.

C'est en suivant cet ordre de progression qu'on forge une voix bien assurée, ample, souple et d'une vaste tessiture, disposant ainsi d'un merveilleux instrument pour *faire de la musique* sans difficulté technique, donc sans stress vocal.

La technique et le sens artistique

Il paraît indispensable d'apporter l'éclairage de la pratique professionnelle pour mettre fin à des démarches pédagogiques et des déclarations qui devraient être considérées comme obsolètes, à la lumière des résultats obtenus par des artistes tels que la Malibran, Fritz Wunderlich, Mirella Freni, Cesare Siepi, Rosa Ponselle, Leontyne Price, et tant d'autres qui n'ont cessé de travailler constamment leur technique pour affiner chaque son, chaque phrasé. Comment, face à ces modèles du plus haut professionnalisme, oser faire de la musique en toute dignité avec des coups de glotte, des sons tirés, des notes nasalisées, des aigus contestables, des sons trop bas ou trop hauts ?

C'est déconsidérer les artistes que de laisser croire qu'ils ne peuvent penser à deux choses à la fois. Pourquoi, alors, ne pas prétendre qu'il est impossible de chanter et de bouger sur scène en même temps ? Il faut savoir par ailleurs que plus la technique est approfondie durant le travail de préparation, plus elle s'automatise. À un certain stade de perfection technique, on ne se préoccupe plus que des notes les plus difficiles. En possédant bien son instrument grâce à une technique approfondie, on peut se consacrer davantage à l'interprétation et au travail scénique. Avec l'assise d'une technique très sûre, chaque intention, chaque phrasé seront servis par la beauté vocale et les possibilités remarquables de nuancer et de colorer la voix selon les désirs du compositeur. Citons ici le nom de Carlo Bergonzi, qui fut et reste un modèle, dans le phrasé verdien notamment.

Comme l'énonça Roland Mancini : « Il est impossible de rendre un sentiment quelconque par le chant sans une absolue maîtrise technique. »

La sensibilité

La sensibilité artistique, c'est-à-dire la perméabilité à la beauté d'un mot, d'une phrase, d'un son ou d'une atmosphère musicale, est aussi indispensable que toutes les autres connaissances et qualités réunies. Elle seule permet à l'artiste un cheminement vers un idéal de beauté artistique élevé et vers une interprétation de qualité.

Il est donc souhaitable qu'un chanteur en soit généreusement doté pour être en mesure d'analyser et de reproduire les subtilités du texte comme de la musique. Il va de soi que le travail musical et littéraire, et son analyse, ainsi que les conseils des maîtres et chefs de chant, sont propres à développer cette sensibilité, et surtout permettent à l'interprète de faire *passer* les émotions dans son chant.

En conclusion, affirmons que le chanteur doit posséder par nature une grande sensibilité, mais que cette qualité peut se développer et devenir plus présente et plus efficace par un travail joint à la connaissance musicale et littéraire, ainsi que par les épreuves de la vie du chanteur lui-même qui ne sauraient manquer d'aiguiser sa sensibilité.

Nous le répétons, la technique vocale permet de résoudre les problèmes d'interprétation sur des notes ou des passages difficiles, sans altérer la beauté et la qualité d'une voix. On peut alors, sur un souffle devenu ample et stable, obtenir un legato indispensable à un beau phrasé.

La musique vocale transporte le texte à travers les nuances et les rythmes divers à la manière d'un fleuve tantôt majestueux, tantôt impétueux, suivant le style de l'auteur. Le phrasé va consister à rassembler ces mots de manière logique et harmonieuse, comme on relie des bâtons flottants pour mieux les conduire malgré les méandres d'un fleuve. C'est alors l'union parfaite de la sensibilité artistique et de la technique maîtrisée.

II

Le travail vocal ou Les qualités à développer dans une voix

Ouvrir la voix

En quoi cela consiste-t-il ?

Une voix bien travaillée se développe jusqu'à un âge relativement avancé et presque tout au long d'une carrière. Il existe un travail de préparation pour chaque prestation et, parallèlement, le travail de fond destiné à améliorer constamment la voix. On entend souvent l'expression « chauffer la voix » ; c'est un terme inadapté. En effet, les cordes, étant à l'abri à l'intérieur de la trachée, n'ont pas besoin d'être chauffées comme un muscle situé directement sous la peau. Mais, surtout, en employant cette expression, on se prive d'une autre formulation plus exacte et explicative : « ouvrir la voix ». Telle est en effet la recherche de tout chanteur : ouvrir les résonateurs de la voix et assouplir tous les muscles de l'appareil phonatoire ; réveiller les muscles du corps et notamment les muscles de la sangle abdominale, en particulier les grands obliques et les muscles intercostaux extenseurs et constricteurs.

Les exercices vocaux consisteront à ouvrir la gorge en gardant le larynx en position basse, tandis que les piliers du voile du palais s'écarteront légèrement et souplement au fur et à mesure de la montée de ces exercices vers l'aigu. Ce travail technique se fera presque exclusivement à l'aide de voyelles, selon la méthode des grands maîtres italiens de l'école napolitaine (et plus tard aussi bolonaise) dont l'auteur s'est toujours inspiré et pour lesquels il garde une immense admiration. Ce travail des voyelles (*vocale* en italien) a été à tort appelé *vocalises* par les chanteurs des pays latins, entre autres francophones. Si l'on examine ce que l'on considère aujourd'hui comme des vocalises, on est loin du modèle ! Le travail de préparation d'une voix doit se faire par des exercices lents de pose de voix. Cela signifie aussi positionnement favorable de l'ensemble laryngé, puis assouplissement de la voix. On entend beaucoup de professeurs dire qu'une voix se construit comme une maison par le bas, mais presque tous appliquent le processus contraire. Ils utilisent dès le début un exercice baptisé par eux vocalises et qui monte immédiatement très haut. Nous verrons plus loin quel genre d'exercices il est préférable d'exécuter, et pourquoi.

Poser la voix

Quant au travail en profondeur, il est évident que sa progression doit être la suivante : sortir la voix, poser la voix, assouplir la voix. *Assouplir,* et non alléger : la voix doit avoir une assise.

De même, dans le choix des airs à travailler, est-il très souhaitable de commencer par les *Vaccaï* et les *Arie Antiche*, quitte à passer le plus vite possible à des airs d'opéra classiques en les choisissant lents et pas trop aigus. Comme le disaient les grands maîtres du bel canto : « Ce sont les grands airs qui font les grandes voix. » Voilà, pour tout chanteur, une phrase fondamentale à méditer. En effet, l'essentiel est bien de *sortir* la voix, de la libérer par des exercices et de l'épanouir. Mais il y eut l'avènement du microsillon : les étudiants chanteurs ont alors écouté et cherché à imiter ce qu'ils entendaient au disque. Beaucoup ont ainsi commencé à forcer, à pousser la voix dans l'espoir de ressembler aux chanteurs qu'ils entendaient à l'enregistrement. Ajoutons à cela que toute l'époque qui suivit la Seconde Guerre mondiale a vu paraître un certain nombre de chanteurs qui privilégiaient la puissance de la voix à n'importe quel prix, la quantité au détriment de la qualité. Nous ne parlerons pas ici du mauvais goût musical ni des ports de voix notamment, non plus que des fins de phrases détériorées par le forçage de ces voix.

Aussi nombre de professeurs ont-ils pris peur de ces excès, et prôné par réaction un parti pris inverse. Hantés, aujourd'hui encore, par l'idée d'un *grossissement* ou d'un *tubage* de la voix, beaucoup répètent tout au long de leur cours : « Petit, plus petit, moins fort ! » ; ce sont les mêmes qui déplorent qu'il n'y ait plus de grandes voix ! Soyons clair sur ce sujet : il faut des exercices appropriés, *pour optimiser le positionnement de l'ensemble laryngé*. Ces exercices sont relativement lents et n'accèdent que très progressivement à l'aigu, afin de pouvoir s'assurer que l'ensemble laryngé ne monte pas et que l'ensemble thyro-cricoïdien pivote bien à partir de la quinte aiguë (rappelons que la quinte aiguë est la deuxième quinte de la tessiture d'une voix). Il ne faut en aucun cas créer de contractions sur l'appareil vocal ; pour l'éviter, il est indispensable de s'octroyer du temps et d'accorder une grande attention à la pose de voix qui s'effectue lentement au long des leçons.

Libérer la voix

Il ne faut pas confondre *pousser*, *forcer* et *libérer* une voix. Tout l'enseignement vocal doit s'orienter vers l'ouverture, la libération de la voix, mais selon un minimum de pression ainsi que de tension.

Il importe de travailler dans une très grande souplesse,

mais de chercher constamment l'ouverture et la bascule de l'aigu. Si l'on y réfléchit, il ne peut en aller autrement. Il en est de même pour tout sport ou tout effort physique : on ne peut travailler un muscle dans la contraction forcée. Car ce sont bien de muscles qu'il s'agit : le muscle vocal tout d'abord, que nous appelons improprement *cordes vocales*, et les muscles qui soutiennent l'ensemble de l'appareil phonatoire. Le diaphragme lui aussi sera appelé à travailler davantage pour les besoins de la voix chantée. Il faut également compter avec les muscles intercostaux et ceux de la sangle abdominale. Si l'on ajoute la recherche constante de l'ouverture souple des résonateurs, comment peut-on supporter d'entendre encore des professeurs de chant répéter à leurs élèves « petit, plus petit, suspendu... » ? La voix doit au contraire être bien assurée sur un diaphragme bien stabilisé en liaison avec une gorge bien ouverte. Il est à proscrire, en revanche, de travailler d'après un disque en essayant d'imiter l'enregistrement. Procédé d'autant plus préjudiciable qu'aujourd'hui, tous ces enregistrements sont très, voire trop, sophistiqués en raison des performances de la technique actuelle (ajout de basses ou d'aigus, chambre d'écho, etc.).

Assouplir la voix

Surtout, ne pas employer l'expression *alléger la voix*. En effet, alléger une sauce ou du lait, c'est rendre ce produit moins consistant ; alléger une montgolfière, c'est lâcher du lest pour qu'elle s'élève plus facilement. Au contraire, une voix doit être bien stabilisée dans un corps ouvert et sans contraction, bien posée sur un diaphragme parfaitement stable, étayée par une bonne assise de tout le corps.

La souplesse

Voilà prononcé l'un des mots les plus importants de toute la technique vocale. La souplesse est en effet la condition *sine qua non* pour qu'une voix se développe harmonieusement au fur et à mesure de la progression technique et de la maturité, c'est-à-dire presque tout au long de la carrière d'un artiste chanteur. On constate en effet que, guidée par une excellente technique, une voix progresse jusqu'à un âge fort avancé, notamment grâce à l'ouverture pharyngée qui ne peut se produire et s'accentuer que dans une grande souplesse.

Lors d'académies internationales, entouré par des professeurs aussi remarquables que J. Di Donato, Philippe Bernold et Claude Delangle, j'ai eu l'occasion de dispenser des cours sur la respiration et l'ouverture souple à des élèves de haut niveau en clarinette, flûte, saxophone, etc. Cette méthode respiratoire a donné des résultats tout aussi enthousiasmants pour les instrumentistes que pour les chanteurs. Pour obtenir une ouverture souple, il est indispensable de garder les côtes bien ouvertes – et c'est

Quand vous chantez, pensez toujours souplesse et n'oubliez jamais que la phonation entraîne une interaction musculaire agoniste/antagoniste. Si vous mettez une très grande pression, vous déclenchez un processus semblable à celui de deux personnes de force égale qui lutteraient l'une contre l'autre. Si l'une pousse davantage dans un sens, l'autre pousse davantage dans l'autre ; les deux forces s'annulent alors, et la grande dépense énergétique produite est tout à fait inutile. On comprend dès lors la nécessité d'un travail en ouverture souple, destiné à éviter ces contractions musculaires inutiles et néfastes pour la voix.

pourquoi il est nécessaire de penser que l'on continue à prendre de l'air au lieu d'en dépenser. Le grand maestro Lamperti disait déjà au début du XXe siècle : « Quand vous chantez, pensez que vous inspirez. » Le fait de garder les côtes bien écartées, hors de tout forçage, permet de faire travailler beaucoup mieux le diaphragme et de garder l'ouverture de l'arrière-gorge par synergie.

Développer la beauté de la voix

Ce qu'il faut privilégier, c'est la *qualité vocale*, la beauté du son, et non la *quantité*. Il est notoire cependant qu'en cherchant la qualité, donc la souplesse et la facilité, nous allons développer le souffle, les résonateurs et le bon accolement des cordes. En conséquence, la voix va s'amplifier tout en embellissant. À l'inverse, la recherche de la puissance conduira à donner trop de pression et entraînera des serrages en habituant les cordes vocales à ne fonctionner que sous cette grande pression. La voix deviendra peu à peu incapable de réaliser le pianissimo notamment, et les cordes ne s'accoleront que sous une forte pression subglottique. Quoi qu'en disent certaines théories de la voix, le chanteur doit travailler sous le contrôle du professeur durant plusieurs années. Il pourra ensuite réaliser par lui-même un excellent suivi, lequel devra tout de même être supervisé de temps en temps par l'oreille qui aura aidé cette voix à s'épanouir. En effet, cette voix bien travaillée va se développer en puissance mais aussi en étendue. Année après année, le chanteur disposera d'un instrument continuellement renouvelé – renouvellement qui nécessite un contrôle extérieur, le chanteur étant confronté à des sensations constamment inédites et découvrant en permanence des possibilités vocales jusque-là inconnues de lui.

III

Le fonctionnement de l'appareil phonatoire

La phonation est le phénomène de production du son : à l'émission d'air, la glotte s'ouvre et se ferme sous l'effet d'une interaction des forces musculaires et aérodynamiques, ainsi que par action neuro-cérébrale. Pour que l'appareil phonatoire fonctionne, trois éléments sont nécessaires :

1) une source d'air : les poumons ;
2) un vibrateur : les cordes vocales ;
3) un ensemble de résonateurs : le vestibule laryngé, la cavité rhino-pharyngée, les cavités nasales.

La source de vibrations ou les cordes vocales

Que sont les cordes vocales ?

Elles sont la source de vibrations, autrement dit l'organe produisant ces vibrations, soit le muscle vocal. On nomme cordes vocales les deux bords situés dans la partie médiane du muscle vocal, et qui peuvent s'écarter et s'accoler en fonction de la pression sous-glottique et aussi par commande cérébrale, par l'intermédiaire des nerfs

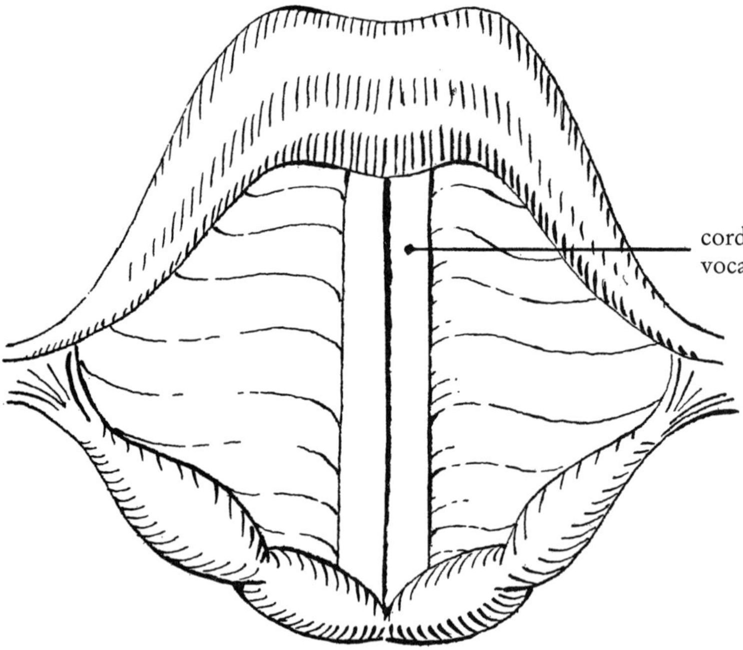

Pendant la phonation

récurrents. Ce muscle vocal est constitué d'une membrane élastique recouverte d'une muqueuse. Les rebords de la partie médiane sont blanc nacré, et ce sont eux qui ont déterminé par leur aspect l'appellation « cordes vocales ». Ces cordes vocales sont reliées aux deux cartilages aryténoïdes et au cartilage thyroïde. Le ventricule de Morgagni, situé entre les cordes vocales et les bandes ventriculaires, est une sorte de cavité déformable à souhait. Il peut s'épaissir, se tendre, se gonfler. Sunberg a découvert qu'il était un résonateur, amplificateur de l'aigu. Les cordes vocales, de leur côté, peuvent se rétrécir, s'allonger, s'écarter, s'accoler. Tout cet ensemble est situé au-dessus du larynx, lui-même commandé par une quarantaine de muscles, ce qui laisse supposer la complexité mais aussi les

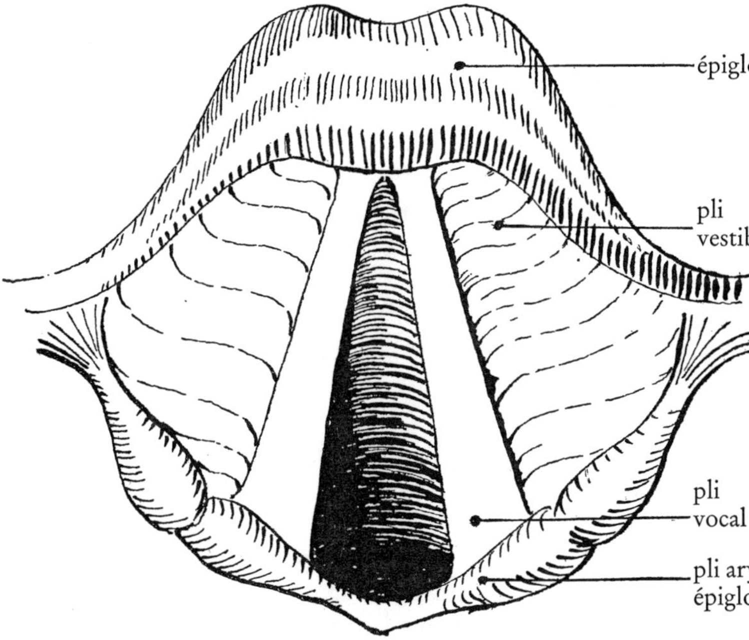

Pendant l'inspiration

immenses possibilités de ce « système vocal ». L'articulation des cartilages qui le composent rend également possible la « bascule de l'aigu » dont nous parlerons souvent, tant son importance est capitale pour l'obtention d'un aigu éclatant et sûr.

Il faut savoir que l'appellation cordes vocales est assez impropre, et qu'il s'agit d'un muscle dont la partie médiane s'écarte. Ces deux parties ont pour rebord une sorte de bourrelet : ce sont ces deux bords que l'on nomme cordes vocales. Lorsque les cordes vocales sont saines, elles ont un aspect blanc nacré.

Le formant chant

Tout d'abord, rappelons que les formants correspondent à des ondes stationnaires qui déterminent les vibrations de pression dans le conduit vocal. Le conduit vocal (ou tractus vocal) est lui aussi un résonateur.

Le son fondamental émis par les cordes vocales se complète ensuite et s'enrichit, comme nous le savons, grâce aux résonateurs. Pourquoi ?

La voix source, c'est-à-dire la voix émise par les cordes vocales, possède une fréquence fondamentale. Ses vibrations vont atteindre les résonateurs : le conduit vocal, la cavité pharyngée, les cavités nasales et, on le sait maintenant, le ventricule de Morgagni, spécialement pour les notes aiguës. Ce faisant, ces vibrations engendrent des harmoniques qui viennent enrichir ce son fondamental et créer un pic en augmentant la puissance du son émis. On sait que la modification de la section du conduit vocal a pour effet le déplacement des fréquences de chaque formant. Ce déplacement peut avoir lieu vers les hautes ou les basses fréquences, en fonction du point de l'onde stationnaire où a lieu ce changement de section du conduit vocal. Si une dilatation du conduit se produit à l'endroit de ce changement, la fréquence est sensiblement plus élevée.

Il faut retenir que l'abaissement du larynx allonge le conduit vocal et élève la fréquence du son. Si cet abaissement coïncide avec l'ouverture pharyngée (grâce à l'ouverture des côtes par synergie), l'addition des deux mécanismes augmente encore la puissance du son et, surtout, lui donne une grande rondeur.

Les résonateurs ou l'ensemble laryngé

Les idées reçues

Pour en finir avec les affirmations totalement erronées ou fantaisistes de certains enseignants qui emploient des expressions telles que « chante dans le masque », « mets bien la voix dans les résonateurs de la face » etc., rappelons les vérités morphologiques et anatomiques suivantes.

Les chercheurs ont placé des micros miniaturisés ultra-performants dans les sinus maxillaires et frontaux qui ont montré que ce ne sont pas des résonateurs au sens d'amplificateurs de la voix. Certes, ce sont des cavités osseuses dans lesquelles arrivent les vibrations émises par les cordes vocales. Mieux encore, ces cavités permettent de fixer des *sensations* précises pour le chanteur. Mais il est faux, dès lors, de parler de résonateurs du masque : c'est tout simplement confondre la cause et la conséquence. Lorsqu'un chanteur, doté d'une voix puissante, chante près d'un piano et que les cordes de celui-ci vibrent (par « sympathie »), cela ne signifie pas que les résonateurs du chanteur sont dans ce piano.

Nous le verrons, les trois grands résonateurs de la voix sont la cavité rhino-pharyngée, le vestibule laryngé et les cavités nasales, qui, elles, sont situées au-dessus du palais. Tous ces résonateurs amplifient les vibrations émises par les cordes vocales. Plus ces résonateurs sont libres et ouverts, plus les vibrations viennent se répandre dans les cavités osseuses et cartilagineuses que sont les sinus maxillaires et frontaux. On peut avoir alors l'illusion que les résonateurs sont dans la face, mais cela est inexact pour les raisons citées plus haut.

La nécessaire référence au passé et à l'évolution de l'homme

On peut être tenté d'expliquer l'évolution vocale de l'être humain en considérant qu'il n'a pas toujours eu la position verticale. De ce fait, tout comme la plupart des animaux, il n'avait pas de pharynx verticalement formé.

Selon une explication analogue, les perroquets qui, eux, se tiennent presque droits et se sont peu à peu formé une cavité pharyngée, peuvent parler et même chanter. Mais cette théorie est également sujette à caution, Edgar Morin expliquant que « ce qui manque au chimpanzé, ce n'est pas l'aptitude cérébrale mais l'aptitude glottique ». On sait, quoi qu'il en soit, que le larynx n'a pas toujours eu sa position actuelle. Il était situé très haut derrière la nuque, et il est descendu au cours de millions d'années d'évolution. Ce qui est incontestable également, c'est que notre mâchoire a beaucoup régressé durant cette longue période. La langue, elle, servant non seulement à la communication, mais surtout à la mastication et à la déglutition, n'a pas diminué de volume. De ce fait, la langue a repoussé le larynx vers le bas au fur et à mesure de la régression de la mâchoire. Il en est résulté l'agrandissement de la cavité pharyngée et l'apport d'harmoniques graves, le conduit vocal devenant plus long grâce à la descente du larynx. La progression du langage a développé et assoupli les possibilités vocales. Cependant – et ceci est très important – les muscles qui sous-tendent l'ensemble laryngé (quarante) ont gardé la mémoire de l'ancien positionnement. Nous rappelons que vingt de ces muscles sont fixés au niveau des cervicales – lesquels, dans l'aigu, tirent le larynx vers le haut et en arrière. La technique vocale va consister à laisser le larynx en position basse, afin de garder la rondeur des sons, et à ouvrir la cavité pharyngée pour éviter tout serrage, y compris dans l'aigu.

Les muscles intrinsèques et extrinsèques

Les muscles qui permettent au larynx de se déplacer dans le cou et autorisent aussi le pivotement des cartilages (faisant partie de l'appareil phonatoire) sont appelés les intrinsèques et les extrinsèques.

– Les muscles intrinsèques sont attachés aux cartilages du larynx par leurs deux extrémités (d'où l'appellation intrinsèque). Ils permettent aux cartilages de se mouvoir les uns par rapport aux autres.

– Les muscles extrinsèques sont fixés à un cartilage du larynx par une seule extrémité, l'autre étant fixée à un élément extérieur au larynx. Ces muscles permettent au larynx de se déplacer en fonction des besoins de la phonation, et se présentent sous forme de bandes ; on dit que ce sont les muscles aplatis.

Qu'appelle-t-on l'ensemble laryngé ?

Appelons-le ainsi pour éviter les fausses dénominations : le larynx, en effet, est composé du cartilage thyroïde, du cartilage cricoïde et des cartilages aryténoïdes. Tout cet ensemble est soutenu, nous devrions dire sous-tendu, par quarante muscles environ répartis comme suit :

- dix muscles placés à la base de cet ensemble laryngé pour le tirer vers le bas sont fixés à la partie supérieure du thorax ;
- dix muscles rattachés à la mâchoire afin de le *suspendre* ;
- enfin – et c'est très important – vingt muscles au niveau des vertèbres cervicales tirent le larynx à la fois vers le haut et, bien sûr, de par leur disposition, vers l'arrière.

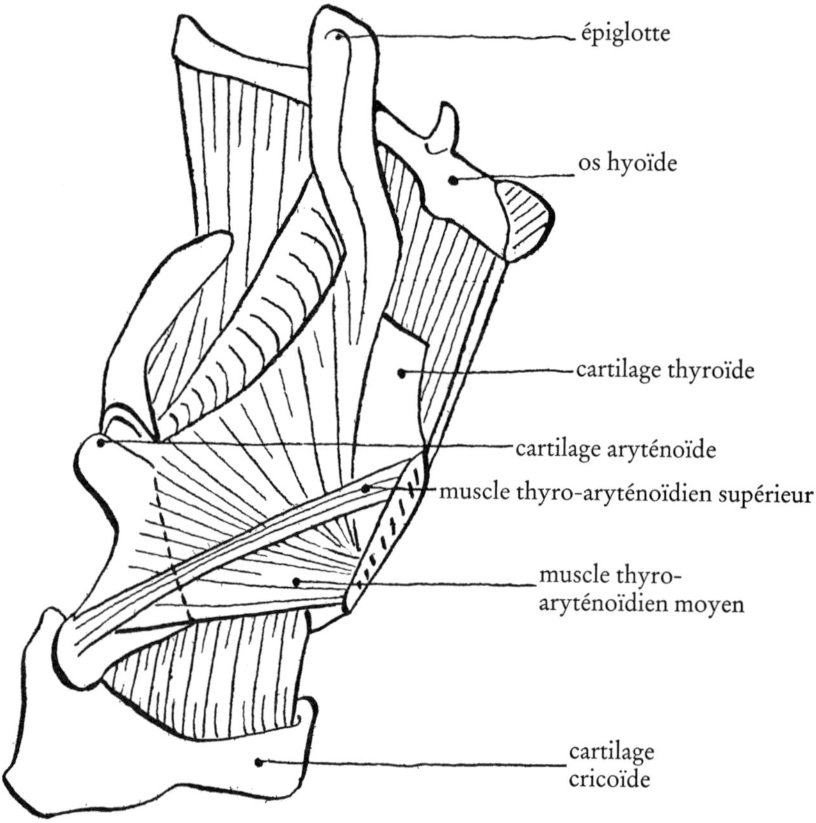

Vue latérale du larynx

Sans ses muscles intrinsèques et extrinsèques, le larynx n'aurait pas cette mobilité ni cette aptitude exceptionnelle à transmettre nos émotions les plus intimes. L'équipage laryngé, comme nous aimons à l'appeler, est l'orgue du temple, un temple dont la construction n'est pas terminée, mais où le son règne en maître. Nous nous plaisons à considérer les résonateurs comme une cathédrale. Si l'on conçoit que les bâtisseurs qui vénéraient Pythagore construisaient aussi bien les cathédrales en s'inspirant de la structure de l'étoile, qu'il nous soit permis alors d'exhorter le lecteur en ces termes : « Construisez votre cathédrale et devenez une étoile de l'art lyrique ! »

Ajoutons, pour mieux comprendre encore, que le larynx, ayant été placé très haut durant des millions d'années, en garde la mémoire musculaire.

D'autre part, le cerveau fonctionne magnifiquement et à l'économie. Cette deuxième considération a une importance capitale : de même que nous respirons au ralenti durant notre sommeil car, notre corps le sent, nous n'avons pas besoin de suroxygéner des muscles qui ne travaillent pas, de même notre cerveau aurait-il tendance à se contenter du minimum pour la production de l'aigu. En effet, l'aigu étant perceptible de très loin en raison de sa fréquence élevée, le cerveau considère que cet aigu doit se contenter d'être strident à seule fin qu'on l'entende de loin ; on connaît les cris perçants des enfants en bas âge. L'oreille humaine avertie désire au contraire un son rond et harmonieux. Mieux encore, nous souhaitons savourer ce que les maîtres italiens du bel canto nommaient le *chiare oscuro* (le clair-obscur), à la fois l'ombre et la lumière que les Américains nomment aujourd'hui le *sunrise*.

Le larynx

Le premier larynx de vertébré apparut chez le dipneuste à la période dévonienne, à l'ère primaire, voici environ trois cents millions d'années, donc bien avant « l'homo sapiens ». Le dipneuste était un poisson primitif à squelette osseux, qui semble être un ancêtre direct des batraciens. Or, l'on constate une continuité de la séquence phylogénétique depuis le larynx du dipneuste jusqu'à celui de l'homme : en effet les grenouilles, voici deux cents millions d'années, tout comme les divers singes apparus il y a vingt millions d'années, possèdent des larynx assez identiques à ceux de l'être humain. Il faut remarquer toutefois que chez ces différents animaux, le larynx a tendance à se déplacer vers l'extrémité caudale. Chez l'homme d'aujourd'hui, le larynx affecte une position beaucoup plus basse qu'à l'origine. Il ne faut pas s'étonner que pour nous chanteurs, le larynx confine réellement au mythe. Dans la vie de tous les jours déjà, les chocs émotionnels de différentes natures nous font perdre le contrôle cortical du larynx et, échappant ainsi à notre emprise consciente, nous rendent tributaires d'émotions primitives telles que la colère, l'envie de hurler, etc. Le chanteur, lui, sous le choc émotionnel du trac éprouve une crispation ainsi qu'un serrage de tout l'ensemble laryngé.

Le larynx est à la fois une voie de passage de l'air, donc de l'oxygène indispensable à notre vie, et une soupape de protection à double sens : grâce à sa musculature puissante, il est préposé d'une part à bloquer les voies respiratoires lors d'un effort physique (sport, accouchement, etc.), et d'autre part à empêcher l'introduction ou l'inhalation de corps étrangers dans la trachée. Il pourvoit également au nettoyage des voies respiratoires au moyen de la toux. Telle est sa fonction première, sa deuxième fonction étant la phonation – chez le chanteur, fonction

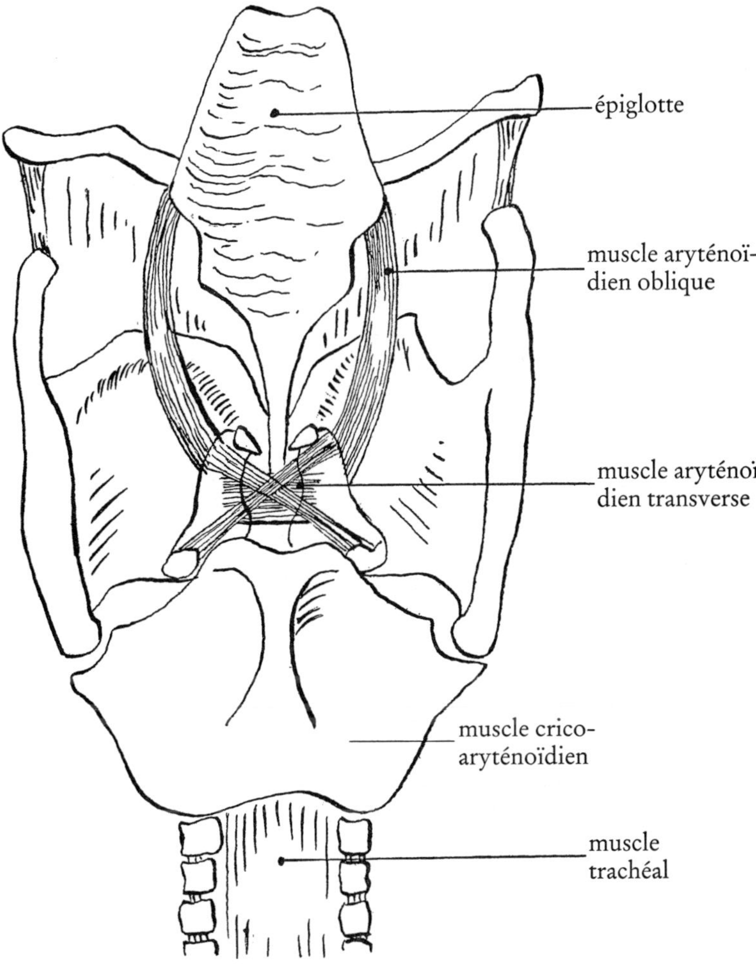

Coupe frontale du larynx

essentielle. Le larynx est plus ancien sur le plan phylogénétique que les systèmes neuromusculaires du langage, mais son rôle dans le langage est apparu assez récemment, si l'on considère l'évolution de l'être humain.

Lorsqu'il est totalement formé, le larynx comprend neuf cartilages. Ses muscles sont intrinsèques et extrinsèques. Les ligaments et les membranes qui relient ses cartilages leur permettent de glisser et de pivoter les uns sur les autres, et ceux-ci reprennent leur position normale après le relâchement des forces musculaires. Il est intéressant de noter qu'au troisième mois de la vie fœtale, le larynx possède déjà les mêmes caractéristiques qu'à la naissance. Il est cependant situé très haut et descendra ensuite progressivement.

À la naissance, le bord inférieur du cartilage cricoïde se trouve sur le plan horizontal entre la troisième et la quatrième vertèbre cervicale. Entre cinq et vingt ans environ, il atteint la cervicale 7, et il baissera ensuite de façon continue jusqu'à environ quarante ans. À titre indicatif, l'ossification de l'os hyoïde commence dès deux ans, tandis que le cartilage thyroïde puis le cartilage cricoïde s'ossifient entre vingt et vingt-trois ans. Chez l'homme de soixante-cinq ans, tous les cartilages du larynx sont ossifiés, sauf les cartilages cunéiformes et corniculés.

L'épiglotte

C'est une sorte de languette qui recouvre l'orifice de la cavité laryngée lorsque l'on mange ou que l'on boit, et qui permet d'éviter l'entrée de corps étrangers dans la trachée – auquel cas, l'épiglotte est attirée vers le bas grâce à l'action du muscle ary-épiglottique.

La cavité laryngée

Elle est constituée de trois parties :

- le vestibule supérieur, qui va de l'entrée du larynx jusqu'aux bandes ventriculaires (appelées parfois fausses cordes vocales) ;
- le vestibule inférieur, qui est situé entre les cordes vocales et le bord inférieur du cartilage cricoïde ;
- le ventricule du larynx qui est l'espace séparant le vestibule supérieur du vestibule inférieur.

Afin de bien visionner l'ensemble, disons que la cavité laryngée a la forme d'un sablier large en haut et en bas, et resserré en son milieu.

L'abaissement du larynx

L'abaissement du larynx doit se faire avec une grande souplesse, et non, comme cela se traduit trop souvent, par un forçage et un écrasement de cet organe. Cet abaissement est fondamental, car il allonge le conduit vocal et enrichit la voix en harmoniques graves, tout en soulevant la partie uvulaire du voile du palais grâce au basculement des cartilages thyroïdes et cricoïdes. C'est le phénomène du bâillement.

Le bâillement naturel, on le sait, résulte d'une distension des muscles qui soutiennent l'ensemble laryngé, notamment par fatigue. Les muscles se détendent, le larynx s'abaisse et déclenche le bâillement. Cette opposition entre l'abaissement du larynx, le soulèvement de la luette et l'écartement des piliers du voile du palais, agrandit évidemment la cavité rhino-pharyngée qui est l'un des trois grands résonateurs amplificateurs des sons émis par les cordes vocales. Par ailleurs, l'abaissement souple du larynx confère plus de richesse en harmoniques graves, cependant que l'étirement des piliers du voile du palais transforme celui-ci en une sorte de *peau de tambour* qui amplifie alors la voix, lui donnant plus d'éclat. On obtient le fameux « clair-obscur » tant recherché par les maîtres napolitains notamment.

Pour ce faire, il est nécessaire de garder le larynx en position basse. Il convient, répétons-le, de laisser le larynx dans la position du grave et non pas de l'abaisser – tout au moins pour la majeure partie de la tessiture. Par contre, pour l'extrême aigu, lorsque se trouvera acquise une bonne technique, la gorge sera bien ouverte, le pharynx bien dégagé et les muscles aryténoïdes légèrement écartés. C'est ce qu'on appelle la voix « libérée » ou « passée ». On a alors l'impression que toute la voix est dehors et, pour l'aigu, vient s'ajouter au geste vocal un début de bâillement qui abaisse encore légèrement le larynx. Nous en avons fait nous-mêmes la démonstration au service « SOS Voix » de l'hôpital Foch à Paris, lors d'une introspection laryngée à la fibre optique, dans le cadre d'un mini-colloque réunissant des spécialistes et des chanteurs : les élèves ont pu voir le larynx, déjà en position basse, s'abaisser encore un peu sur *si*b, *si*, *do* aigus.

Afin de trouver l'aperto-coperto (ouvert-couvert), il est nécessaire de travailler par synergie. C'est la fameuse « connexion ». On sait effectivement que l'arrière-gorge peut s'ouvrir en synergie avec les côtes flottantes. De nombreux chanteurs savent aujourd'hui qu'il ne faut pas respirer au niveau *thoracique supérieur*, c'est-à-dire au sommet des poumons, afin de ne pas gêner les muscles qui sous-tendent l'appareil laryngé. Cependant, au moment même de la phonation appelée improprement *attaque de la note*, il arrive qu'ils referment les côtes et perdent ainsi, par synergie, à la fois l'ouverture de l'arrière-gorge et la bonne position laryngée. Dans la vie normale, hors des territoires de la voix chantée, on voit que les hommes à la voix très grave ont le cartilage thyroïde (ou pomme d'Adam) très apparent : simplement parce que le larynx se penche vers l'avant quand il descend, alors qu'il est tiré vers l'arrière quand il remonte (dans le cas d'une voix moins grave). Tous les chanteurs savent que le grave de la voix sonne naturellement devant, alors que l'aigu veut toujours partir en arrière. La technique vocale corrigera ce défaut et homogénéisera la voix.

Sunberg, déjà cité, nous apprend que le premier de tous les résonateurs est composé par le ventricule de Morgagni, chargé de la résonance aiguë. Les études de physique acoustique ont démontré que, plus le volume d'un résonateur est grand, moins la fréquence du son émis est élevée et, par conséquent, plus les résonances graves sont importantes. À l'inverse, plus la surface d'ouverture de ce résonateur est grande, plus la fréquence est élevée et plus les résonances aiguës sont donc importantes. Le travail consiste évidemment à obtenir une voix riche en harmoniques aiguës comme en harmoniques graves : c'est le *chiare oscuro*, l'équilibre entre l'ombre et la lumière – donc, pour les chanteurs, l'équilibre entre les harmoniques aiguës et les harmoniques graves.

La mue

Que s'est-il passé ?

On sait que le larynx descend régulièrement jusqu'à l'âge de quarante ans. Il descend de manière accentuée dans la trachée, et le muscle vocal s'épaissit sous l'influence de l'arrivée des hormones mâles durant la mue. Si ces hormones mâles arrivent en peu de semaines et très groupées, le larynx descend profondément et le muscle vocal s'épaissit considérablement. Si ces hormones arrivent plus dispersées dans le temps, la modification est moins importante et la voix moins grave. Les femmes, quant à elles, possédant plus d'œstrogènes, voient leur voix peu peu modifiée à l'âge correspondant. Là encore, on peut admirer l'action régulatrice de la nature. Les différences de fréquences fondamentales entre la fille et le garçon sont insignifiantes jusqu'à la puberté. Durant la mue, la voix d'un garçon baisse d'une octave entière, alors que la voix de la fille ne baisse que de trois à cinq demi-tons. Cette fréquence fondamentale va, pour les deux sexes, baisser peu mais régulièrement durant toute la vie. Dans les pays chauds, la puberté commence un à deux ans plus tôt qu'en pays tempérés, alors que dans les régions polaires elle est en retard d'un an environ. Bien que les filles commencent leur puberté avant les garçons, les deux sexes la terminent à peu près au même âge, vers quinze ans.

Pour mieux comprendre la phonation en elle-même, il faut avoir présente à l'esprit l'anatomie de l'appareil phonatoire, en premier lieu sur le plan musculaire.

La mue est provoquée par un afflux d'hormones mâles. Si ces hormones arrivent en quelques semaines, le phénomène est très accentué (épaississement des cordes et des bandes ventriculaires, abaissement du larynx). Si ces hormones arrivent sur une plus longue période, leur action est moins importante. C'est ce qui détermine les différentes voix. Chez les filles, la présence d'œstrogènes étant très forte, la mue est beaucoup moins importante que chez les garçons.
La mue entraîne de surcroît un phénomène congestif provisoire dû à un afflux sanguin très important, à l'occasion duquel le larynx se développe d'un tiers supplémentaire environ.
Le squelette cartilagineux du « nouveau » larynx est alors désaccordé provisoirement par rapport à la résonance pharyngée.

Les modifications vocales dues à l'âge

Les modifications vocales chez le sujet âgé sont nombreuses. Elles entraînent ce qu'on appelle la presbyphonie. La hauteur du son fondamental chez l'homme d'environ soixante-dix ans monte jusqu'à atteindre 125 à 130 Hz, alors qu'il descend chez la femme aux environs de 180 Hz – ce qui rapproche beaucoup les caractéristiques des voix d'homme et de femme chez les sujets âgés.

Les possibilités cérébrales diminuent également, ainsi que la vie endocrinienne et la perception auditive. Cette diminution de perception auditive, appelée presbyacousie, est plus tardive que la presbytie de l'œil, tant chez l'homme que chez la femme.

La bascule du larynx

Les parois du pharynx sont constituées de muscles et de tissus fibreux. Les muscles péri-staphylins internes servent au relèvement du voile du palais, tandis que les muscles péri-staphylins externes le tendent ou l'aplatissent. Le muscle palato-staphylin aide au relèvement de la luette.

L'opposition musculaire agoniste-antagoniste augmente au fur et à mesure que l'on monte vers l'aigu. C'est une opposition qui a lieu principalement entre les thyro-aryténoïdiens et crico-thyroïdiens. Cette double action étant partiellement entravée dans l'aigu, il faut à la fois trouver l'ouverture et aider mentalement la bascule vers l'avant du larynx, faute de quoi on ne sortirait du dilemme agoniste-antagoniste qu'au prix d'énormes efforts physiques ou de coups glottiques, à déconseiller totalement.

Pour simplifier l'analyse de fonctions qui sont extrêmement complexes, disons ceci : les cartilages aryténoïdiens ont la possibilité de basculer d'environ 30° vers l'avant par contraction du muscle thyro-aryténoïdien. Nous savons qu'ils basculent aussi en-dedans par l'action du muscle crico-aryténoïdien latéral, renforcée par celle des muscles aryténoïdiens transverses et obliques. Ils provoquent alors l'adduction des cordes vocales. Ils peuvent également basculer latéralement par l'action de contraction des muscles crico-aryténoïdiens postérieurs.

Toute la région sus-cricoïdienne s'élargit durant l'inspiration, et pas seulement la glotte.

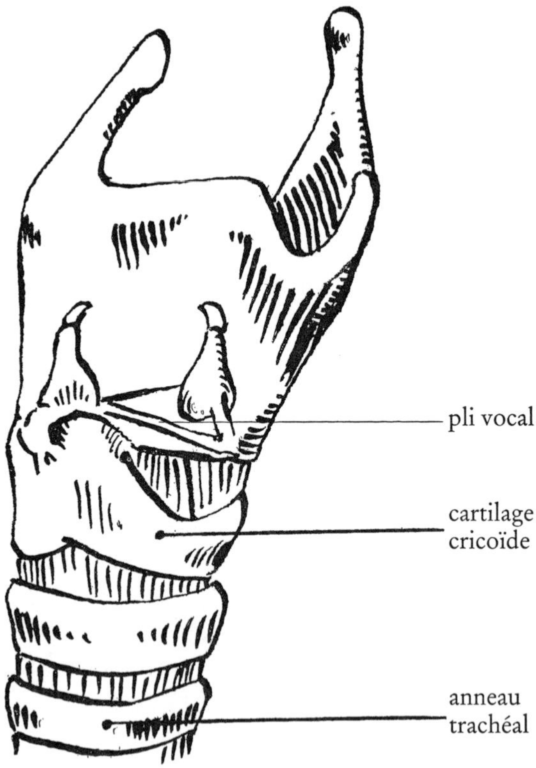

La bascule en avant du cartilage thyroïde

L'interdépendance des notes

Nous dirons, plagiant Jean de La Fontaine: « Toute note vit aux dépens de celle qui la précède. »

Et la première me direz-vous ? Rêvez-la ! Entendez-la au préalable, comme résultante d'une précédente.

C'est pourquoi, l'on ne doit négliger aucune note dans un texte musical; tout d'abord par respect pour ce texte; ensuite par nécessité vocale, et ce, surtout dans une montée à l'aigu. Les notes précédant l'aigu doivent être chantées avec une ouverture ample et souple, et avec une bonne assise respiratoire – donc sans serrage. Or, dans la plupart des cas, on s'aperçoit que, par inhibition de l'aigu, le chanteur commence à rétrécir déjà bien avant les notes extrêmes.

À cet égard, le conseil de certains professeurs de diminuer ou même d'alléger les notes qui précèdent l'aigu est une erreur très grave. Répétons-le: il faut garder les côtes souplement ouvertes, et faire appel à l'image d'une vague tournant par-dessus la tête et retombant loin en avant, afin de déclencher la bascule de l'aigu. Parallèlement, pour obtenir cet aigu aisément et amplement, il faut soutenir un souffle ample et bien rivé au corps dans la phrase précédant cette bascule de l'aigu. Le larynx est alors en position basse et la gorge largement ouverte. Si au contraire les notes précédant l'aigu sont rétrécies, donc le corps légèrement refermé, la cavité pharyngée se referme elle aussi; il n'y a plus alors bascule des cartilages concernés, et l'interprète ne peut que *pousser* les sons pour essayer d'atteindre l'aigu. La pression sous-glottique est trop forte et entraîne un phénomène croissant de serrage, incompatible avec un bel aigu libéré.

Les notes précédant l'aigu doivent être exécutées dans la souplesse et l'ampleur, et sont aussi importantes que les notes aiguës elles-mêmes qui dépendent de ces précédentes notes.

L'aigu

Ne pensez jamais « note à atteindre » : on ne va pas chercher une note haute, on tombe sur la note comme une vague retombe après s'être élevée dans un mouvement parabolique. Ainsi, vous éviterez les ports de voix, et la note sera parfaitement juste et stable. En ouvrant bien les côtes et en respirant bas (sans excès), vous éviterez également les contractions musculaires au niveau laryngé.

Histoire vécue

Un ténor français, qui avait de grandes difficultés d'aigu, chantait Faust dans un théâtre de plein air près de Nîmes. On arrive au grand air de Faust et le chef d'orchestre remarque que le ténor a gardé sa montre qu'il consulte constamment. Tout à coup, le ténor ralentit considérablement le tempo malgré les gesticulations du chef. Tout en continuant à ralentir, il consulte à nouveau sa montre et semble regarder avec inquiétude au loin. Enfin, il arrive aux phrases précédant le contre-*ut*. « Salut, salut, demeure chaste et pure... » et accélère subitement. Alors, on entend un avion qui arrive, volant très bas, et qui couvre la voix et l'orchestre au moment du contre-*ut*. Le public, désolé que cet avion vienne troubler la fin de l'aria, fait une ovation au ténor pour le consoler. Ce chanteur avait remarqué que les avions se posaient toutes les huit à dix minutes sur l'aérodrome militaire voisin du théâtre de verdure. Nous pensons néanmoins qu'il vaut mieux posséder une bonne technique et assurer un bel aigu que de compter sur l'atterrissage des avions !

Pour l'aigu, ouvrez un peu plus le bas du dos : n'oubliez pas en effet que le diaphragme s'attache plus bas dans le dos qu'à l'avant du thorax où il est situé au niveau du sternum. En ouvrant cette partie du bas du dos, vous stabilisez le diaphragme et ouvrez encore mieux l'ensemble vestibule laryngé-pharynx.

Laissez la mâchoire descendre librement et souplement sur les notes aiguës. Rappelez-vous la phrase du célèbre ténor Tamagno qui, en parlant de la mâchoire inférieure, disait : « *Questa parte me la prendo, me la butto* » (« Cette partie, je la prends, je la jette »). La mâchoire doit être en effet relâchée, quelle que soit la difficulté de la note à atteindre. De plus, toute la cavité pharyngée étant bien ouverte, l'aigu *tournera librement*. Par ailleurs, grâce à l'ouverture souple des côtes, s'obtient par synergie l'étirement des piliers du voile du palais. Enfin l'abaissement du larynx, par un début de bâillement, provoque la bascule crico-thyroïdienne, et donc le soulèvement de la partie uvulaire du voile du palais avec rétraction de la luette, ainsi qu'un léger écartement des cartilages aryténoïdes. De cette manière, l'aigu va tourner librement et donner à la voix une richesse supplémentaire en harmoniques graves. Conjointement, l'écartement des piliers et le soulèvement de la partie uvulaire du voile du palais vont créer beaucoup d'harmoniques aiguës. Enfin la pensée d'une vague qui retombe loin en avant favorise la projection et l'éclat de la voix.

À noter : si l'on cherche à grossir la voix dans l'aigu, il se crée un phénomène d'impédance sur les cordes vocales. C'est un terme qui nous vient de la physique électrique. On dit qu'il y a impédance quand la tension est égale à l'intensité. Or, en chant, une bonne technique doit permettre d'obtenir une grande intensité avec un minimum de tension. D'autre part, quand on veut grossir un son, on élargit trop le pharynx et l'on a ainsi tendance à *pousser la voix* ; par conséquent, à mettre trop de tension et de pression sous-glottique. La voix manque alors de *brillant*, *d'acuité*, et n'a, par conséquent, plus de projection dans la salle.

Les principaux cartilages et leur rôle

Il est difficile de simplifier l'analyse de la fonction phonatoire qui, en elle-même, est extrêmement complexe, sans se priver de l'essentiel. Mais voici un résumé :

- Le cartilage thyroïde a la possibilité de basculer vers l'avant, ce qui lui permet de tirer les cordes vocales, donc, de les allonger.
- Les aryténoïdes, qui sont fixés sur le cartilage cricoïde par les rotules, peuvent s'incliner d'avant en arrière ainsi que latéralement, et tourner.

Le cartilage cricoïde

Le cartilage cricoïde, en basculant en arrière contrairement au cartilage thyroïde, aide lui aussi à tendre les cordes vocales. L'action musculaire de l'appareil phonatoire se révèle d'une extrême complexité. Il ne convient pas de l'expliciter ici ; il est préférable d'en juger le résultat sur la phonation.

La phonation, on le sait, est un geste. Il faut donc préparer ce geste qui dépend à la fois de la perception auditive et des moto-neurones qui vont donner les ordres aux nerfs récurrents lesquels, à leur tour, vont mettre les cordes vocales en action. Il faut savoir que les cordes vocales sont mises en action à la fois par la pression sous-glottique et par des décisions cérébrales concernant l'intensité, la hauteur et la couleur des sons. On sait par ailleurs que, contrairement à certaines affirmations simplifiées sur la tension des cordes, celles-ci ne sont pas

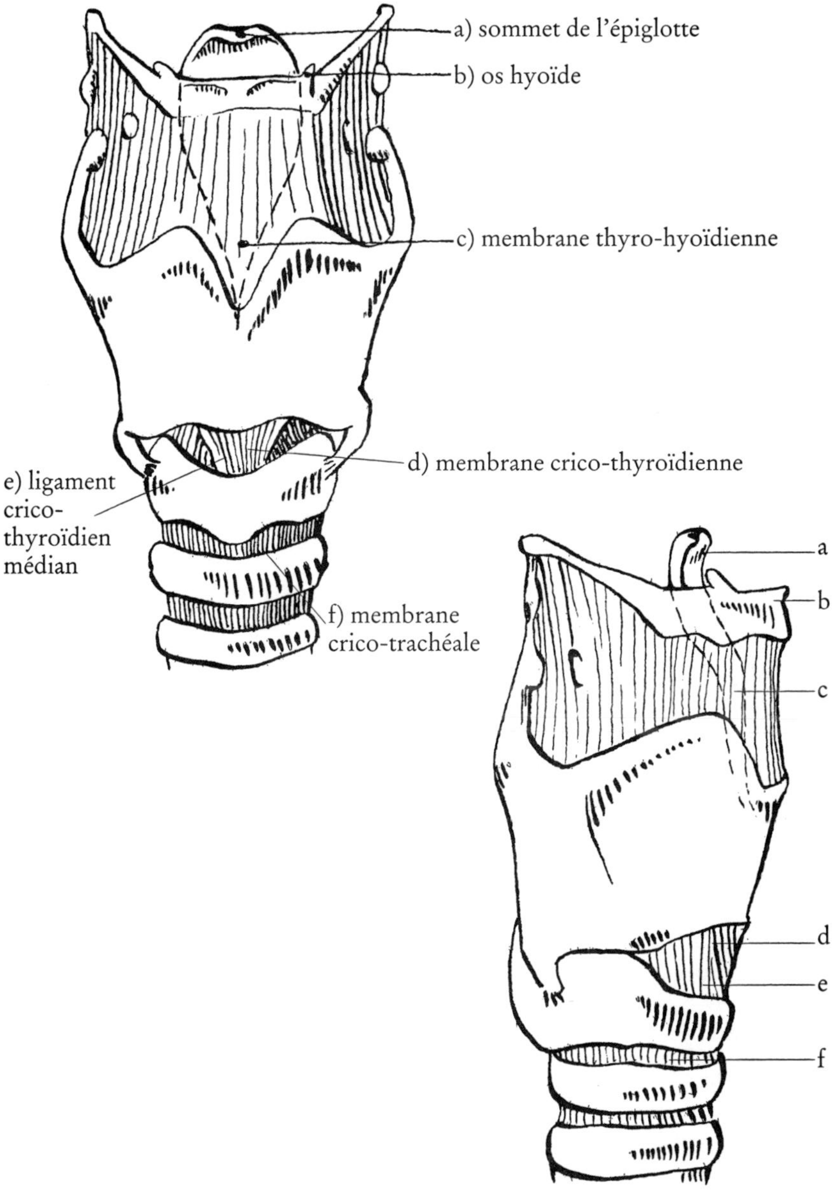

Vues antérieure et latérale des cartilages du larynx

forcément toujours plus tendues sur une note aiguë que sur une note du médium de la voix. En effet, la pression sous-glottique joue de son côté un grand rôle dans la tension des cordes. Par exemple, sur un *la* émis en pleine voix, les cordes sont plus tendues que sur un *do* aigu émis en voix de tête, c'est-à-dire sans beaucoup de pression. On doit donc considérer que les cordes vocales se tendent en montant à l'aigu, mais que la pression sous-glottique intervient également dans cette tension.

Ce qu'il faut retenir

- L'épiglotte est reliée à la base de la langue par une muqueuse. Elle recouvre la trachée pour la protéger, lorsque nous mangeons ou buvons. La base de l'épiglotte est fixée au cartilage thyroïde par l'intermédiaire du ligament thyro-épiglottique. Son extrémité libre fait saillie vers la base de la langue. Sa structure est fibrocartilagineuse.
– Le cartilage thyroïde est situé en-dessus du cricoïde. C'est le plus gros de tous les cartilages du larynx. On l'appelle aussi « pomme d'Adam ».
– Le cartilage cricoïde s'élargit d'avant en arrière. On dit généralement, pour simplifier, qu'il a la forme d'une chevalière avec son chaton. Il est situé en-dessous du cartilage thyroïde. Le cartilage thyroïde peut à la fois pivoter et glisser sur le cartilage cricoïde. Il comporte aussi des surfaces articulaires reliées aux cartilages aryténoïdes sur ses faces postéro-supérieures.
– Les cartilages aryténoïdes sont au nombre de deux et affectent la forme d'une pyramide à trois côtés. Leurs faces internes sont lisses. La base de chaque côté repose sur la surface articulaire du cartilage cricoïde

qui lui correspond. Chacun de ces cartilages présente une saillie qui permet de fixer le ligament vocal.
– L'os hyoïde a la forme d'un fer à cheval, il est situé au-dessus du cartilage thyroïde. Il est indépendant de tout le reste du corps. Seuls quelques ligaments et muscles le rattachent et le suspendent au cou, à la racine de la langue et au larynx.

La source d'air ou le souffle

Les muscles de la sangle abdominale

Le transverse forme une sorte de ceinture puisqu'il part du niveau lombaire de la colonne vertébrale et se rattache en avant de l'abdomen. Ses fibres sont donc horizontales.

– Le petit oblique : comme son nom l'indique, ses fibres sont obliques, à la fois d'arrière en avant et de bas en haut. Elles sont plus superficielles que celles du muscle transverse.

– Le grand oblique · alors que les fibres du petit oblique sont implantées de bas en haut, celles du grand oblique le sont de haut en bas tout en restant placées d'arrière en avant comme celles du petit oblique. Ses fibres sont également plus superficielles que celles du muscle transverse.

- Le grand droit est un muscle qui part du pubis et monte vers le haut de l'abdomen en s'élargissant. Il fait partie des muscles qui soutiennent la sangle abdominale. Cependant, comme il ne faut pas distendre volontairement cette sangle vers l'avant, il sert peu aux chanteurs qui ont une bonne technique. En effet, les chanteurs qui gonflent la sangle abdominale créent une trop grande pression (analogue à celle que l'on exerce lorsqu'on soulève un objet lourd) et entraînent des serrages et une fermeture forcée, surtout s'ils exagèrent cette respiration. De plus, cette respiration forcée ne permet pas d'ouvrir suffisamment les côtes, dans la mesure où elles dispensent les muscles intercostaux de travailler autant qu'ils le devraient. Ce manque d'ouverture latérale empêche l'ouverture par synergie de la voûte pharyngée et du vestibule laryngé.

Ce qu'il faut savoir sur le souffle

Quand nous venons au monde et jusqu'au moment où nous prenons la position verticale, nous utilisons la respiration costo-abdominale. Il en est de même quand nous dormons. Quand nous sommes debout en revanche, nous respirons au niveau *thoracique supérieur*, ce qui est défavorable pour le chant, comme nous l'avons vu précédemment. Dans la vie normale, vider les poumons consiste à laisser s'effondrer les côtes, ce qui est justement préjudiciable à la bonne phonation car le rhino-pharynx se ferme alors par synergie. Le travail technique consiste donc à imaginer que l'on prend de l'air tout en chantant pour garder l'ouverture souple des côtes et, par là même, l'ouverture de l'arrière-gorge et de la cavité rhino-pharyngée.

Dans la perspective du geste vocal, l'idéal est d'inspirer à 90 % de la capacité pulmonaire pour ne pas entraîner de raideur. Le diaphragme étant bien stabilisé, la colonne d'air qui arrive entre les cordes le sera aussi ; la voix restera souple, la gorge largement ouverte et le larynx en position basse.

Rappelons bien ceci : quand les côtes sont bien ouvertes sans effort durant la phonation, toute l'arrière-gorge l'est aussi par synergie.

À propos de « la colonne d'air »

D'aucuns semblent aujourd'hui hésiter à employer cette expression devenue récemment et subitement inadéquate dans les milieux officiels de l'enseignement français.

Pour notre part, nous l'employons très rarement. Cependant, nous ne partageons pas cette analyse très nouvelle de dénomination d'une fonction physiologique qui remonte à l'aube de l'humanité.

En quoi l'expression colonne d'air (employée surtout par les instrumentistes) serait-elle à déconseiller pédagogiquement ? Sur le plan de la morphologie, nous avons un réservoir d'air en forme de trapèze extensible : les poumons. Au-dessus, se situe la trachée et à la sortie de cette trachée et émergeant dans le pharynx, se trouve le larynx. Or, le larynx (nous le voyons dans ce traité de technique vocale) a la forme de deux cônes renversés l'un sur l'autre. Il est, par conséquent, resserré en son milieu à la manière d'un sablier. Si l'on considère que le diaphragme sert à la fois de piston au souffle et de plancher amovible à des poumons en forme de trapèze, il faut bien considérer que l'air partant de la base large des poumons est conduit vers un resserrement continuel jusqu'aux cordes vocales. Cet air est en conséquence canalisé vers le larynx à la manière d'une colonne d'air jusqu'aux cordes vocales qui le transforment alors de manière mécanique en vibrations. Celles-ci se répandent ensuite dans les résonateurs, puis par projection extérieure, dans la salle. Nous dirons donc, pour clore un débat qui n'a rien d'essentiel pour la phonation, que cette expression « colonne d'air » n'est pas inadéquate et qu'elle peut véhiculer des images pédagogiques tout à fait positives.

À quoi sert le diaphragme ?

Affirmons à l'instar de quelques anciens pédagogues : « Le diaphragme est un muscle imaginaire qui existe ! » C'est le muscle le plus puissant de tout le corps humain. Il n'est pas tout à fait positionné comme le croient certains. Il est légèrement penché vers la gauche de manière à ne pas gêner le cœur et relevé plus haut du côté du foie pour

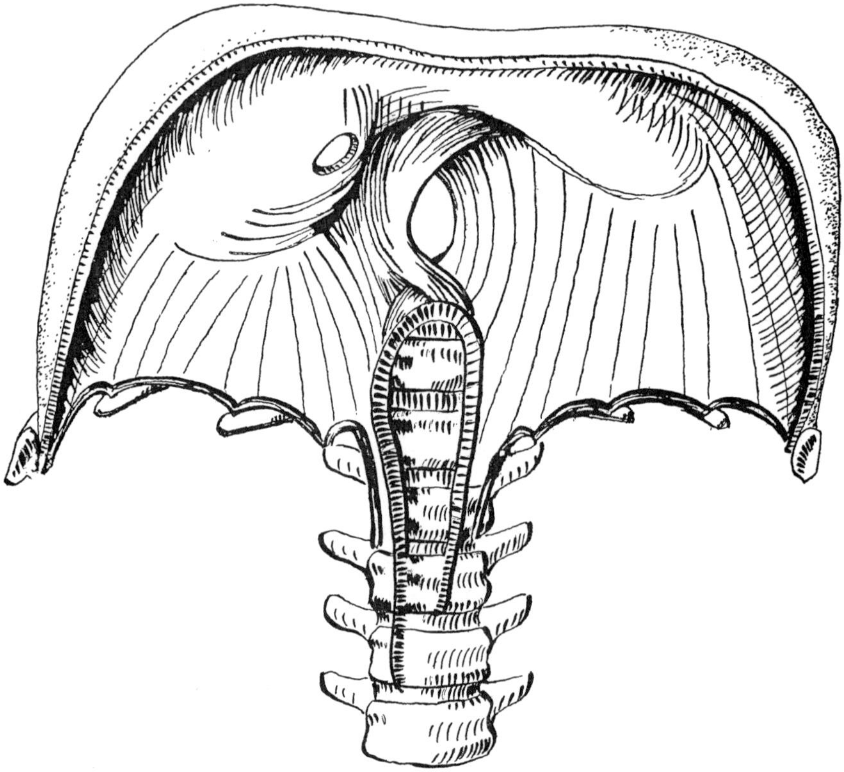

Le diaphragme

les mêmes raisons, ainsi qu'on peut le constater sur le dessin. On a, hélas, quelquefois entendu des enseignants préconiser à un élève de « donner un coup de diaphragme pour l'aigu ». Il faut savoir qu'il est impossible à tout être humain de donner un coup de diaphragme. Nous n'avons pas en effet la possibilité de commander directement ce muscle. L'enseignant veut dire dans ce cas « donner un coup de sangle abdominale », ce qui est totalement à déconseiller, et entraîne par réaction un coup de glotte et une contraction au niveau laryngé.

Le diaphragme descend quand les alvéoles pulmonaires

s'emplissent, et remonte à l'expiration. Le fait de tenir les côtes bien écartées va l'obliger à faire son vrai travail (costo-abdominal comme à la naissance) : en tenant les côtes écartées, on bande le diaphragme à la manière d'un drap de pompier tendu pour recevoir le poids de la personne qui tombe. Le diaphragme sert alors véritablement de plancher au souffle et stabilise la voix.

Cette méthode évite que ne se distendent trop la sangle pubienne et la sangle abdominale. La sangle abdominale ne s'en trouve donc que légèrement gonflée. Moyennant quoi, nous n'encourons pas de fermeture forcée au niveau des cordes vocales. Ce geste est aussi plus esthétique qu'un ventre qui ressort. N'oublions cependant pas que l'action de ressortir le ventre, comme l'inculquent certaines techniques, ne fait pas prendre davantage d'air : les poumons seuls peuvent emmagasiner l'air. Ces techniques entraînent des contractions identiques à celles provoquées par l'effort fourni lorsqu'on soulève un objet lourd, et qui, par voie de conséquence, déclenchent la fermeture forcée des cordes vocales. En inspirant côtes bien écartées, la sangle abdominale se gonfle légèrement car le diaphragme, en descendant durant l'inspiration, repousse les viscères (les intestins et le foie) vers le bas ; c'est pourquoi on a employé aussi le terme de respiration costo-abdominale. Lorsque, au cours de la phonation, le diaphragme remonte, la sangle pubienne qui était légèrement ressortie à l'inspiration, rentre suivie par la sangle abdominale qui remonte à son tour.

Il est à noter que les femmes doivent respirer un peu moins bas que les hommes afin de ne pas endommager la matrice, et pour ne pas ôter à leur voix trop de résonance de tête ; l'essentiel étant pour tous de ne pas inspirer en contractant la partie supérieure du thorax. Les trois quarts de la capacité thoracique sont emmagasinés dans la partie située entre le sternum et la base des poumons. Cela s'explique si l'on considère qu'à la partie supérieure du thorax, les poumons se terminent en pointe et jaugent donc un petit volume à ce niveau ; ce volume est encore réduit par la place occupée par les bronches, les bronchioles et le cœur. Toutefois, ce petit volume supplémentaire ne serait pas à dédaigner si l'inspiration complète dans la partie supérieure du thorax n'entraînait pas les contractions aussi importantes de l'ensemble laryngé. Il faut donc inspirer en essayant de prendre l'air à la base des poumons. Pour ce faire, il est efficace d'imaginer le thorax sous la forme de la tour Eiffel ou d'un éventail à l'envers – les poumons ont d'ailleurs un peu cette forme. Lors d'une inspiration assez profonde, les côtes flottantes s'ouvrent comme pour accentuer cette image. En chantant, il faudra ensuite maintenir les côtes écartées afin de garder le plus possible la même structure acoustique, ce qui confère à la voix son homogénéité en permettant aux résonateurs – comme nous l'avons déjà indiqué – de rester ouverts par synergie. D'autre part, il est indispensable de n'exercer qu'une pression souple, afin d'obtenir que la colonne d'air affleurant sous la glotte n'entraîne pas de contraction en retour, et favorise à la fois un bon legato et une gestion économique du souffle. Le mot de Lamperti, « quand vous chantez, pensez que vous inspirez », s'avère d'une grande efficacité dans cette entreprise.

Le souffle

Il faut avant tout savoir expirer, se vider de tout le CO2. Avoir une vue d'ensemble de la phonation est indispensable à une bonne coordination musculaire :

- la respiration établit la source d'air ;
- le larynx et les cordes vocales transforment cet air en vibrations ;
- les résonateurs (vestibule laryngé, cavité pharyngée, cavités nasales) amplifient et colorent ces vibrations ;

- le corps tout entier diffuse ces vibrations émises par l'ensemble laryngé.

La phonation est un geste vocal qui doit s'élaborer dans la « mémoire sensorielle » par la répétition, sous contrôle extérieur, durant les études vocales. Ensuite, par mémorisation des sensations physiques et auditives, l'étudiant reproduira cette phonation sur l'ensemble de la tessiture et sur les différentes voyelles.

Le souffle doit être établi avec une grande souplesse en procurant l'impression que tout le corps est élastique et s'ouvre durant la phonation de la même manière qu'à l'inspiration.

L'acte vocal est une action intégrée du corps tout entier.
Ce ne sont pas les cordes vocales qui font le son. Elles émettent les vibrations.
La vibration de l'air forme le son qui s'embellit grâce aux cavités de résonance, et le diaphragme soutient cet édifice vocal sonore. Plus le son est librement émis par un corps bien ouvert au milieu des côtes flottantes, plus la voix monte aisément à l'aigu, tout comme une maison peut, grâce à de larges fondations, s'élever très haut sans difficulté.

Les chanteurs se préoccupent de plus en plus de la respiration, ce qui est tout à fait positif; toutefois, leur intérêt se porte surtout sur l'inspiration. Or, c'est l'expiration qui est très importante et détermine aussi la qualité de l'inspiration. En effet, il faut vider ses poumons le plus souvent possible, c'est-à-dire chaque fois que la musique interprétée le permet. En vidant ses poumons, le chanteur chasse aussi le gaz carbonique qu'il a accumulé. Mais ce n'est pas tout. En vidant ses poumons, il fait fonctionner ses muscles intercostaux constricteurs (ceux qui permettent la rétraction). Ainsi, lorsque les poumons ont été vidés et que l'on commence à manquer d'air, les muscles extenseurs qui aident à l'inspiration se déclenchent automatiquement à leur tour ; ils sont appelés pour cette raison des muscles de survie. C'est ce qui se passe pour une personne longtemps demeurée sous l'eau et qui vient à manquer d'air. Si vous travaillez régulierement cette expulsion de l'air vicié, vous allez assouplir et développer les muscles intercostaux ainsi que *les petits* et *grands obliques* de la sangle abdominale. Par ailleurs, cette respiration profonde et complète vous permettra de chasser le gaz carbonique et, ce faisant, de repousser les limites de résistance à la fatigue.

L'effet rétro-aspiratoire de Bernoulli

Bernoulli explique un phénomène que nous connaissons bien : la vibration laryngée. Elle est constituée de trois forces interactives :

- une qui permet la fermeture glottique : les cordes sont au contact l'une de l'autre ;
- une autre qui permet l'écartement des cordes : la pression sous- ou sub-glottique. Nous tenons a préciser que l'inspiration permet, elle aussi, l'écartement des cordes vocales ;
- enfin, pendant que l'air s'échappe, le rapprochement des cordes se fait grâce à l'effet rétro aspiratoire.

Par ailleurs, il est démontré que plus la pression sous-glottique est faible, plus le timbre de la voix devient riche.

Moins la pression est grande, plus la durée de fermeture glottique est longue.

Cela vient confirmer et consolider notre thèse de la nécessité d'une bonne ouverture, mais réalisée en souplesse et avec peu de pression sub-glottique.

Le travail du souffle

Évitons tout d'abord les termes blocage, appui et coup de diaphragme.

– Blocage : bannissons le terme blocage, car tout blocage est néfaste et empêche souplesse et évolution.

– Appui : appui sur quoi ? On s'appuie quand on est faible ou fragilisé ; ce mot est donc impropre. Il est tout à fait souhaitable de lui préférer le mot *soutien,* puisque le souffle est *soutenu* par le diaphragme qui lui sert de plancher. La sangle pubienne ainsi que la sangle abdominale viennent, de leur côté, soutenir le diaphragme et l'accompagner dans sa remontée lors de l'expiration, c'est-à-dire pendant la phonation.

Coup de diaphragme : personne, on le sait, ne peut donner un coup de diaphragme. Nous le répétons ailleurs afin que le jeune chanteur prenne bien conscience de l'inexactitude de ce vocable. Ces expressions inadéquates, dans la mesure où elles perturbent beaucoup d'étudiants, sont à bannir.

Par ailleurs, n'oublions jamais que bien chanter, c'est chanter avec le minimum d'efforts. Les muscles mis en œuvre doivent acquérir une bonne tonicité, mais nullement au détriment de la souplesse.

Cela posé, comment découvrir ou faire découvrir une bonne assise respiratoire ? Tout d'abord, en prenant conscience que tout le corps chante. Certains professeurs le disent, mais oublient ou ignorent qu'il existe aussi des amplificateurs osseux, lesquels entrent en vibrations directes ou sympathiques. Enfin, chacune de nos cellules (qui peut changer de forme parfois) possède un photoplasme doué d'une très importante capacité de réfraction sonore. On sait, en outre (découverte de Sunberg), que le ventricule de Morgagni (partie comprise entre la corde vocale et la bande ventriculaire) peut se déformer, se rétracter, s'arrondir à souhait, et constitue de la sorte un résonateur important, surtout pour l'aigu. Ainsi voyons-nous qu'il n'est pas seulement métaphorique d'affirmer que tout le corps chante.

Pour chanter avec tout son corps, il faut avoir avant tout une bonne position corporelle. D'autre part, il faut se rappeler qu'une bonne phonation réclame une respiration abdo-diaphragmatique intercostale. Ce qui implique dans la pratique que l'on doit écarter les côtes flottantes (étagées du bas du thorax jusqu'au sternum).

Comme le diaphragme s'abaisse automatiquement dès que les alvéoles pulmonaires s'emplissent, il pousse les viscères, gonflant légèrement la sangle abdominale et très légèrement la sangle pubienne. Tenir les côtes ouvertes souplement sans contractions va permettre au diaphragme de se stabiliser encore mieux car il se trouvera étiré de chaque côté à la manière d'un drap de pompier tendu comme réceptacle. Par ailleurs, l'on sait que l'ouverture des côtes en souplesse entraîne l'ouverture de toute la cavité pharyngée. Penser à un début de bâillement fera abaisser le larynx ; les piliers du voile du palais s'écarteront en synergie avec les côtes. Ainsi la chapelle est-elle transformée en cathédrale.

Exercice pour obtenir cette respiration abdo-diaphragmatique intercostale

a) Allongez-vous sur le dos ;
b) videz-vous complètement jusqu'à manquer d'air après avoir posé un livre assez gros pour recouvrir la partie du corps s'étendant du sternum à la moitié de l'abdomen ;
c) posez l'une de vos mains sur vos côtes (en partant des dernières côtes jusqu'au sternum) ;
d) posez votre autre main à la hauteur de votre bouche (paume ouverte devant vos lèvres) ;
e) inspirez et contrôlez avec votre main posée le long du

corps que vos côtes s'ouvrent bien largement mais sans contractions :

f) vérifiez ensuite que le livre se soulève, mais très peu ;
g) gardez vos poumons emplis durant cinq secondes ;
h) soufflez sur la paume de votre main en essayant de ne pas rentrer les côtes et en évitant que le livre ne descende rapidement.

En essayant de tenir les côtes écartées et en tentant de garder le livre en position surélevée, vous allez sentir la sangle pubienne rentrer, puis à son tour la sangle abdominale car, sous l'expulsion de l'air, le diaphragme remonte et l'abdomen l'accompagne dans sa remontée. Faites trois fois de suite cet exercice. Ensuite, mettez-vous debout contre le mur les jambes légèrement écartées. Les talons, les fesses, les épaules et la tête doivent être en contact avec le mur. Inspirez en écartant souplement les côtes. Expirez en essayant de garder les côtes ouvertes et sans quitter vos contacts avec le mur. Ultérieurement, quand vous aurez réussi cet exercice avec souplesse, essayez de redresser la cambrure et ouvrez le bas du dos. L'ouverture du bas du dos est indispensable à l'obtention d'un bel aigu libéré.

La nécessité d'une ouverture souple de l'appareil phonatoire

L'ouverture souple assortie de peu de pression sous-glottique permet d'obtenir une voix ronde et libérée. L'examen du processus inverse, c'est-à-dire la fermeture forcée, démontre tout l'intérêt de cette ouverture souple. Beaucoup de chanteurs poussent à tort sur la sangle abdominale et exercent ainsi une poussée dirigée de haut en bas, faisant ressortir la sangle abdominale et provoquant par synergie ce que l'on appelle la « fermeture forcée ». Dans la vie courante, cette fermeture forcée se produit lors d'un effort physique tel que soulever une lourde charge ou pendant la défécation, lors d'un accouchement, ou durant un accès de toux. Cette action est répertoriée sous le nom de manœuvre de Valsalva.

La fermeture forcée provoque une adduction massive et totale des parois du larynx, entraînant celle de ce qu'on appelle les vraies et fausses cordes vocales par contraction des muscles thyro-aryténoïdiens. De plus, le cartilage thyroïde est attiré vers le haut, et se rapproche de l'os hyoïde au fur et à mesure que la pression glottique augmente. Au contraire, lors d'une phonation normale accompagnée d'une pression glottique peu importante, le muscle vocal n'est pas trop sollicité ; les vraies cordes vocales seules se rapprochent et le son sort amplement et librement tandis que le larynx peut rester en position basse et enrichir ainsi la voix en harmoniques graves.

Si les muscles intercostaux et ceux de la sangle abdominale subissent une tension trop élevée, il y a lutte entre les constricteurs et les extenseurs (muscles agonistes et antagonistes). Or, toute crispation ou tension musculaire trop forte entraîne une fermeture et donc un serrage de l'appareil phonatoire.

Ce qu'il ne faut pas faire

La grande erreur est de créer une grande pression sous-glottique, soit en rentrant le ventre, soit en le faisant ressortir. Tout effort musculaire intense est à bannir. Le paramètre important à respecter est le suivant : prendre conscience qu'à tout muscle constricteur correspond son muscle extenseur (agoniste et antagoniste). Pour être simple, disons que si l'on étire un muscle dans quelque partie du corps que ce soit, un muscle constricteur vient s'opposer à cet étirement par une contraction. À l'inverse, si l'on contracte un muscle quelconque, un autre – dit antagoniste – s'étire. On pourrait donner comme exemple l'image d'un bras : si l'on contracte le biceps, le triceps va s'étirer. Si l'on contracte le triceps, le biceps à son tour va s'étirer. Donc, non seulement chaque forçage est mauvais pour la phonation, mais un muscle vient chaque fois contrarier ce mauvais geste, accroissant encore le forçage initial. Il faut donc chanter sans entraîner trop de tension musculaire ni mettre trop de pression subglottique, de façon à éviter trop de contraction ou d'extension.

Pour la voix, l'idéal est de respirer au niveau des côtes flottantes, d'emplir les poumons à seulement 90 % pour ne pas entraîner trop de contractions. Imaginer ensuite que l'on continue à inspirer de manière à ne pas laisser s'affaisser les côtes et que le diaphragme remplisse son véritable office, à savoir s'abaisser durant l'inspiration (ce qu'il fait automatiquement dès que les alvéoles pulmonaires se remplissent) puis remonter au fur et à mesure que les poumons se vident. Cependant, et c'est très important, les côtes restant ouvertes tiennent le diaphragme bien tendu à la manière d'un drap de pompier (pour recevoir quelqu'un). Ceci a pour effet d'avoir une colonne d'air très bien stabilisée et ample, mais accompagnée de peu de pression afin de garder la voix souple, et la gorge amplement ouverte. Le larynx étant en position basse, l'aigu sera rond en toutes circonstances. Quand les côtes sont bien ouvertes durant la phonation, toute l'arrière-gorge l'est aussi par synergie.

IV

Ce qu'il faut savoir sur la voix chantée

Le singing formant

On a beaucoup parlé des *singing formants*, ou encore *pic* ou *arête*.

On sait que ces formants chanteurs sont les notes les plus éclatantes d'une voix et que chaque chanteur possède ainsi, dans sa tessiture, deux à trois notes plus puissantes et plus faciles que les autres. Il existe une explication scientifique de ce phénomène. Sur certaines notes, les résonateurs sont plus performants et plus favorables que sur les autres, et ce, en fonction de la morphologie.

Que se passe-t-il alors ? Il arrive que sur certaines notes, le nombre d'harmoniques émises par les résonateurs soit très voisin du nombre de vibrations émises par la voix source, c'est-à-dire par les cordes vocales. Ces vibrations se mettent en résonance sympathique et s'additionnent. Elles se produisent aux environs de 1800hz pour les hommes et 2300hz pour les femmes. Les *singing formants* résultent d'une ouverture souple du rhino-pharynx alors que le vestibule laryngé est lui-même ouvert et libre. Il faut traiter ces *singing formants* comme des « Mutter notes ». À son premier cours en 1991, la cantatrice Natalie

Dessay me déclara textuellement : « Ah ! les Mutter notes, les notes-mères ! Ce sont donc elles qui vont pondre les autres ! Ça, ça me plaît ! »

C'est bien ainsi qu'il faut travailler d'une manière générale, c'est-à-dire prendre ce qu'il y a de positif – les meilleures notes – et, par des exercices, préparer les autres, demi-ton par demi-ton, à devenir aussi belles que ces notes-mères.

Le passage

Qu'est-ce que le passage ?

Quelles explications fantaisistes n'a-t-on pas donné à ce sujet ! Il s'agit en fait, simplement, du passage du palais dur au palais mou, appelé également voile du palais. La grande Lili Lehmann avait déjà produit en son temps un schéma du déplacement laryngé, et donc de la trajectoire de la résonance en fonction de la hauteur des sons. Les études scientifiques de cette deuxième moitié du XXe siècle l'ont confirmé mais légèrement modifié. Les notes de l'aigu et de l'extrême aigu doivent en effet être pensées plus en avant dans le front, ce qui a pour résultat de laisser le larynx plus en avant et plus bas, et d'obtenir un son plus ample et plus rond – encore le fameux *chiaroscuro* ou *sunrise*, l'ombre et la lumière, la rondeur et l'éclat ! Cela permet d'approcher la perfection technique dans la souplesse. Même si, grâce à une bonne technique, le larynx cesse de remonter, on sait qu'il recule légèrement au fur et à mesure que la voix monte dans l'aigu. Ajoutons que les cordes vocales s'affrontent au même endroit, en fonction de la hauteur des sons. Il se produit donc un moment où les vibrations qui frappaient le palais dur dans le grave viennent peu à peu percuter le voile du palais. C'est donc le passage du palais dur au palais mou de cet axe de frappe qu'on nomme notes de passage.

Quelles sont les notes de passage ?

Nous venons de voir ce qu'est le passage ainsi que le fonctionnement du larynx et du voile du palais. Le larynx bien éduqué, nous l'avons constaté, cesse de remonter et donne à la voix rondeur et ampleur. Cependant, tout larynx, même éduqué de la sorte, recule vers l'arrière très légèrement dans l'aigu tandis que le point d'accolement des cordes varie lui aussi comme nous l'avons indiqué précédemment. La technique va consister à ce qu'il ne recule pas trop après le début de la quinte aiguë, c'est-à-dire après le passage. Dans une voix convenablement travaillée et donc homogène, on ne doit pas entendre ce passage. Grâce à des exercices bien précis, on préparera la bascule de l'aigu : il s'agit d'un léger abaissement supplémentaire du larynx qui correspond effectivement à la bascule du cartilage crico-thyroïdien. Les cordes vocales sont alors en tension et le pharynx est largement mais souplement ouvert. Le son produit est très rond et très souple. On dit que la voix *tourne*.

Le passage (c'est-à-dire les notes de passage) détermine d'ailleurs également la tessiture d'une voix. Nous disons bien *les* notes de passage, car il faut considérer la montée et la descente : en montant à l'aigu, nous rencontrons une note qui passe sous le voile du palais, tandis qu'en descendant, c'est une autre qui permet de repasser dans le palais dur.

Pour chaque tessiture, les notes de passage sont les suivantes :

- *Mi - Fa* pour les sopranos
- *Do#- Ré* pour les mezzos
- *Sib- Si* pour les contraltos
- *Fa - Fa#* pour les ténors
- *Do# - Ré* pour les barytons
- *Sib - Si* pour les basses.

On a parfois appelé, mais à tort, notes de passages les changements d'intensité et de timbre dus à une mauvaise captation par les résonateurs du son émis par les cordes vocales. Ces altérations, qui sont également dues à un manque d'élargissement du ventricule de Morgagni ainsi qu'à un changement de position laryngée trop accentuée, engendrent en conséquence des notes affaiblies et moins sonores. Ces différences de sonorité et d'intensité sont donc inhérentes à un manque d'homogénéité dans les registres graves, médium, aigu, et ne sauraient être qualifiées de notes de passage. Ces déficiences, ces différences de couleur sont rectifiables par l'ajustement du résonateur concerné sur une harmonique plus grave du son émis par le larynx. On voit que l'abaissement souple du larynx a, là aussi, une importance capitale. Ne nous y trompons pas : ces changements sont des adaptations entre le son émis entre les cordes vocales et la résonance rhino-pharyngée. Les véritables notes de passages relèvent de ce seul principe de fonctionnement : les notes, qui venaient frapper le palais dur, sonnent soudain vers le voile du palais, et inversement en redescendant. C'est en raison de ce déplacement du point d'impact de la vibration du palais dur au voile du palais que ces notes sont appelées proprement notes de passage.

Il ne faut pas confondre les notes de passage qui permettent de passer du palais dur au palais mou (ou voile du palais) et vice versa, avec les changements dus aux variations en épaisseur, en longueur ou en largeur des cordes vocales en fonction des registres grave, médium, aigu.
Évidemment, les cordes ne s'accolent pas de la même manière dans le grave et dans l'aigu. Mais ces variations de forme et d'accolement des cordes ne doivent en aucun cas être confondues avec les notes de passage.

La tessiture

Qu'est-ce que la tessiture ?

Nous savons que la tessiture est l'ensemble des notes qui peuvent être chantées couramment par une voix. Ces notes doivent pouvoir se faire entendre avec aisance dans une grande salle, et être accompagnées par un orchestre sans que cela entraîne de fatigue particulière, même en cas de nombreuses répétitions. De plus, les notes de toute la tessiture doivent pouvoir être émises en qualité et en souplesse sur n'importe quelle voyelle ou syllabe.

À la différence de la tessiture, l'étendue est composée de l'ensemble des notes qui peuvent être émises par une voix. Elle comprend donc des notes extrêmes qu'il serait difficile, voire impossible, de répéter sans fatigue, surtout en présence d'un orchestre. On comprend alors que tessiture et étendue soient deux notions différentes : la tessiture étant beaucoup plus restreinte que l'étendue pour les raisons citées plus haut. Afin d'appréhender les différentes catégories de voix (tant pour les hommes que pour les femmes), nous devons nous intéresser aux principaux registres de référence, puis aux différentes voix qui s'y rattachent et s'en démarquent à la fois, selon qu'elles sont plus légères, plus amples, plus aiguës ou plus graves que l'archétype.

VOIX DE FEMMES

La voix de soprano est le registre qui recèle la plus grande diversité de timbres, de puissances et d'étendues. Nous donnons des indications pour voix bien travaillées : il s'agit par conséquent d'étendues bien au-dessus de la moyenne, mais qui doivent servir de modèles en donnant l'exemple de leurs possibilités. Toutefois, on peut chanter très bien en ayant une étendue un peu plus restreinte. Nous disons *un peu,* car une voix bien travaillée gagne également beaucoup en étendue. Une voix trop restreinte ou serrée dans l'aigu est le résultat d'une technique incomplète ou médiocre. Rappelons que c'est seulement après 1750 que l'on rechercha les prouesses vocales dans l'extrême aigu. Cet engouement pour les notes très aiguës commença en Allemagne et se généralisa ensuite à toute l'Europe. On a beaucoup parlé de la montée du diapason ; ce sont surtout les chanteurs à technique défectueuse et, par conséquent, à l'aigu difficile, qui s'en plaignent, en ignorant (ou semblant ignorer) que le diapason fut souvent beaucoup plus haut. Laissons Harold Rosenthal et John Warrack nous en parler: « Le diapason qui détermine la hauteur du *la*^{3} fut créé en 1712, mais sa valeur universelle fut reconnue et fixée par la convention de Bruxelles en 1859 à 435 HZ, porté à 440 à Londres et en pratique de 440 à 445. Ce chiffre a toujours varié d'une ville à l'autre, voire dans une même ville. Bach jouait à Leipzig deux orgues différant d'un demi-ton, l'un plus bas, l'autre plus haut qu'aujourd'hui. On relève 567 en 1619 en Allemagne du Nord, et à Paris, en 1636, un ton de Chapelle à 504 et de chambre à 563. À l'Opéra de Paris, on chantait à 404 en 1699, mais Haendel, à Londres, jouait des orgues à 461 et 522,5. À Venise, on pratiqua toujours un diapason très élevé (466 fin XVIIIe siècle), au contraire de Rome et Naples. L'époque romantique connaît des diapasons élevés (450 à l'Opéra de Paris en 1850, jusqu'à 455 à Londres et Bruxelles, ce qui entraîna la convention de 1859)[1]. »

Tout cela prouve qu'il n'y a pas lieu d'invoquer la montée du diapason pour excuser les difficultés d'aigu de

1. *Guide de l'opéra,* édition française réalisée par Roland Mancini et Jean-Jacques Rouveroux, Fayard, 1986, p. 214.

certains chanteurs, et qu'il s'agit bien en l'occurrence de technique insuffisante. Nous voyons, dans cet ouvrage de technique vocale, que l'aigu est le résultat d'une voix bien posée dans le grave et le médium et, par conséquent, d'une bonne émission. Cette émission basée sur un souffle ample et bien distribué n'entraîne pas de contractions laryngées, permet la *bascule de l'aigu*, c'est-à-dire le pivotement dans la souplesse des cartilages crico-thyroïdiens, à la faveur de cordes bien accolées, sans trop de pression sous-glottique.

Au lieu de soulever de faux problèmes de diapason, il serait logique que les chanteurs déplorent l'accroissement du nombre d'instrumentistes des orchestres, ou l'immensité de certaines salles, ou encore de structures à l'acoustique défavorable, depuis Verdi par exemple.

Avertissement

Le lecteur pourra être surpris parfois de rencontrer un même rôle distribué dans plusieurs catégories vocales. Cependant, il faut considérer qu'une voix bien travaillée devient plus aisée et plus souple ; elle peut donc alterner des ouvrages plus ou moins dramatiques, lyriques ou légers.

D'autre part, certains ouvrages se situent éventuellement à la frontière de deux catégories, compte tenu de leur écriture musicale : deux voix différentes peuvent alors briller dans un même rôle.

Soprano léger

C'est un soprano qui utilise le *suraigu*. Pour plus de précision, indiquons que cette voix utilise la troisième quinte de sa tessiture.

Nous savons en effet que chaque voix est constituée ainsi :

- Première quarte : *le grave* ;
- Première quinte : *le médium* ;
- Deuxième quarte : *le haut médium* ;
- Deuxième quinte : *l'aigu*. Cette deuxième quinte est d'ailleurs appelée quinte aiguë.

Le véritable soprano léger possède une troisième quinte : *le suraigu*. Mozart a d'ailleurs écrit des contre-*sol* pour cette voix (et bien sûr les contre-*fa* de la Reine de la nuit), mais également Grétry, Massenet, Auber, etc.

Tout en maintenant la différence entre étendue et tessiture, nous tenons à dire ici que, bien travaillée grâce à une véritable technique, une voix augmente ses possibilités. Dès lors, sa tessiture est plus étendue que celle attendue. Nous considérons, dans cet ouvrage, les tessitures acquises par des voix ayant ampleur et souplesse, et qui, bien travaillées, ont allongé leur tessiture, mais de façon naturelle, sans recherche de performance.

Tessiture du soprano léger :

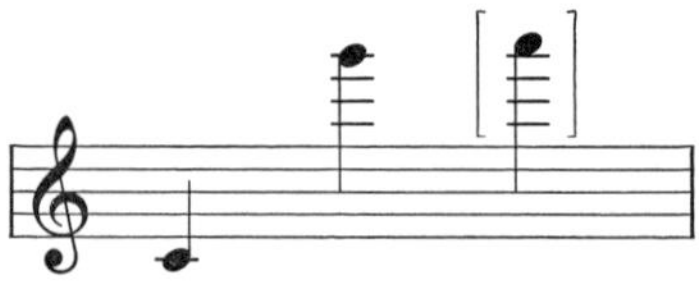

Rôles types : Olympia des *Contes d'Hoffmann* d'Offenbach, le rôle-titre dans *Lakmé* de Delibes, Zerbinetta dans *Ariane à Naxos* de Richard Strauss, etc.

Soprano léger type : Natalie Dessay (en début de carrière).

Soprano lyrique léger

C'est un soprano ayant une voix plus ample et légèrement moins à l'aise dans les notes extrêmes. Son médium est plus rond et plus facile que celui du soprano léger.

Tessiture du soprano lyrique léger :

Rôle type : Gilda dans *Rigoletto* de Verdi, Juliette dans *Roméo et Juliette* de Gounod, Norina dans *Don Pasquale* et rôle-titre dans *Lucia di Lamermoor* de Donizetti.

Soprano lyrique léger type : Edita Gruberova, June Anderson.

Soprano lyrique

C'est le soprano central par excellence. Cette voix, bien travaillée, possède un médium assez ample et un aigu rond et aisé. L'ensemble de la tessiture se situe entre le lyrique léger et le soprano lirico spinto. Moins ample et moins sombre que le soprano dramatique, sa rondeur lui permet cependant de belles envolées (lyriques) et son grave est relativement sonore.

Tessiture du soprano lyrique :

Rôles type : le rôle-titre dans *La Traviata* de Verdi, Mimi de *La Bohème* de Puccini, Marguerite dans le *Faust*

de Gounod, le rôle-titre dans *Louise* de Charpentier, Liu dans *Turandot* de Puccini, etc.

Soprano lyrique type : Mirella Freni, Kiri Te Kanawa.

Soprano lyrico spinto

Il y a souvent un malentendu à propos de cette dénomination. *Spinto* vient du verbe *spingere* (pousser). En fait, il ne s'agit pas de « lyrique poussé » au sens de « forcé », mais de lyrique qui va plus loin dans ses possibilités (comme on dirait de quelqu'un qu'il pousse ses études ou ses recherches plus avant). Le *lirico spinto* a en effet les qualités du soprano lyrique avec un médium plus ample et légèrement plus sombre, et un aigu plus puissant et plus éclatant. Il est très proche du soprano dramatique, mais moins sombre et plus agile. Il ne doit pas aborder les rôles trop dramatiques ou trop larges, en début de carrière notamment. Avec l'âge, c'est-à-dire vers la fin de carrière, le lirico spinto devient très proche du soprano dramatique dont il interprète les rôles sans difficultés particulières.

Tessiture du soprano lirico spinto :

Rôles types : les rôles-titres dans *Madame Butterfly* de Puccini, *Aïda* de Verdi, *Manon Lescaut* de Puccini, *Tosca* de Puccini, etc.

Soprano lirico spinto type : Renata Tebaldi.

Soprano dramatique ou wagnérien

Sa voix est très ample et en général tres sombre. Il faut noter, cependant, que quelques sopranos dramatiques (souvent appelées *voix allemandes*) possèdent une voix très large mais de sonorité claire. Ce sont des sopranos qui se tournent alors souvent vers les ouvrages de Wagner, Richard Strauss et Berg notamment.

Le soprano dramatique à l'italienne a une voix sombre et une grande facilité à poitriner les sons graves. La voix est très chaude et ronde sur toute la tessiture, son timbre sombre est prédestiné au drame lyrique.

Tessiture du soprano dramatique :

Rôles types : Amélia dans *Un bal masqué* de Verdi, Isolde dans *Tristan et Isolde* de Wagner, Brünhilde dans la *Tétralogie* de Wagner.

Soprano dramatique type : Kirsten Flagstad.

Mezzo-soprano

C'est un mezzo appelé aussi coloratura ou rossinien, et parfois même *lyrique* quand la voix est un peu plus ample. La dénomination rappelle que cette voix grave de femme est « à moitié soprano ». Elle se différencie du soprano par un timbre rond et sombre sur toute la tessiture, y compris dans l'aigu. Elle reste plus sombre que le soprano dramatique dans les notes plus élevées.

Beaucoup de jeunes cantatrices aujourd'hui chantent le répertoire de mezzo-soprano, alors qu'elles sont de toute évidence soprano. Pour cela, elles poitrinent exagérément dans le grave. Cependant, on entend dès le haut médium, et davantage encore dans l'aigu, qu'elles sont « sopranos » car elles ne peuvent conserver la couleur ronde et sombre qu'elles ont dans les notes graves.

Tessiture du mezzo-soprano :

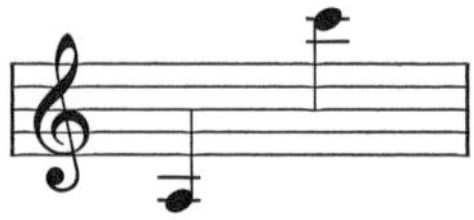

Rôles types : le rôle-titre dans *La Cenerentola* de Rossini, Cherubino dans *Les Noces de Figaro* de Mozart, Rosina du *Barbier de Séville* de Rossini, Leonora dans *La Favorite* de Donizetti, Dorabella dans *Così fan tutte* de Mozart.

Mezzo-soprano type : Teresa Berganza, Christa Ludwig.

Mezzo-contralto
ou grand mezzo d'opéra

C'est le véritable mezzo pour les rôles assez lourds du répertoire lyrique : la voix est ample, sombre et a beaucoup d'éclat, surtout dans le haut médium.

Tessiture du mezzo-contralto :

Rôles types : Dalila dans *Samson et Dalila* de Saint-Saëns, le rôle-titre dans *Carmen* de Bizet, Azucena dans *Il Trovatore* de Verdi, Eboli dans *Don Carlo* de Verdi.

Mezzo d'opéra type : Fiorenza Cossotto, Rita Gorr.

Contralto

Contralto = contraire de haut : c'est la voix de femmes la plus grave.

Cette voix est devenue rare. Là aussi, on entend des voix qui se prétendent contralto sans en avoir les véritables caractéristiques. Auquel cas, les voix sont assombries exagérément. Résultat : elles n'ont plus de projection et sont incapables de passer l'orchestre sur la majorité de la tessi ture. La voix de contralto bien travaillée possède un grave large et très sombre, et monte à l'aigu en conservant sensiblement la même couleur. On la rencontre surtout dans les œuvres de caractère sacré, comme les oratorios, mais aussi dans quelques opéras, surtout les ouvrages russes.

Tessiture du contralto :

Rôles types : Jules César **et Bradamante** dans *Alcina* de Haendel, Ratmir dans *Rousslan et Lioudmila* de Glinka, Marfa dans *La Khovanchtchina* de Moussorgski, Erda dans la *Tétralogie* de Wagner, Ulrica dans *Un bal masqué* de Verdi, la Comtesse dans *La Dame de pique* de Tchaïkovski.

Contralto type : Kathleen Ferrier, Maureen Forrester.

VOIX D'HOMMES

Ténor lyrique léger

Nous ne voulons considérer ici que le ténor lyrique léger, par opposition à un simple ténor léger. Depuis 1830 environ, la voix de ténor a évolué vers un aigu plus soutenu et plus rond. Nous avons en outre des orchestres de plus en plus importants, surtout depuis Verdi. Il en résulte qu'une voix de ténor léger bien travaillée et privée de la voix de tête (ou *falsetto*) qui appartient désormais à la voix de haute-contre, ressortit dans ces conditions à la catégorie de ténor lyrique léger. Le léger, tel qu'on le concevait autrefois, serait insuffisant face aux orchestres d'aujourd'hui. Il est plus exact, dès lors, de parler de lyrique léger.

Sa voix est souple et peut exécuter facilement les demi-teintes. Il a la même tessiture qu'un bon ténor lyrique, mais le grave n'est pas ample et la voix est à la fois plus claire et moins puissante.

Cependant, certains ténors lyriques légers ayant une voix bien travaillée deviennent avec le temps ténors lyriques, comme par exemple Nicolaï Gedda.

Tessiture du ténor lyrique léger :

Rôles types : le rôle-titre dans *Le Postillon de Longjumeau* d'Adam, Nadir des *Pêcheurs de perles* de Bizet, Elvino de *La Somnambula* de Bellini et de très nombreux Mozart : Ferrando de *Cosi fan tutte*, Don Ottavio de *Don Giovanni*, Almaviva dans *Le Barbier de Séville* de Rossini.

Ténor lyrique léger type : Luigi Alva, Léopold Simoneau.

Ténor lyrique

C'est une voix ronde et souple dotée d'un bel aigu. Bien travaillée, elle peut aussi avoir de belles demi-teintes. Placée au centre de l'ensemble des voix de ténor, elle est d'une grande beauté et assez vaillante.

Tessiture du ténor lyrique :

Les rôles types : Alfredo dans *La Traviata* de Verdi, Rodolfo de *la Bohème* de Puccini, rôle-titre dans *Faust* de Gounod, Edgardo de *Lucia di Lammermoor* de Donizetti, le duc dans *Rigoletto* de Verdi, etc.

Ténor lyrique type : Jussi Bjorling, Beniamino Gigli.

Ténor lyrico spinto

C'est une voix plus large et un peu plus sombre que le ténor lyrique, avec un aigu éclatant et puissant. Il chante tous les rôles de vaillance allant du répertoire lyrique jusqu'aux rôles dramatiques aigus. On le nomme aussi Heldentenor en Allemagne.

Tessiture du ténor lirico spinto : c'est à peu près la même que celle du ténor lyrique, mais la voix est plus ample et plus sombre dans le grave.

Rôles types : Radamès dans *Aïda* de Verdi, Cavaradossi dans *Tosca* de Puccini, Manrico dans *Il Trovatore* de Verdi, Arnold dans *Guillaume Tell* de Rossini, le rôle-titre dans *André Chénier* de Giordano.

Ténor lirico spinto type : Franco Corelli, Carlo Bergonzi.

Attention : Il ne faut pas fixer les rôles en fonction de nouvelles modes qui consistent parfois à les transposer. Si vous transposez un opéra, c'est qu'il n'est pas écrit pour vous.

En ce qui concerne *Il Trovatore*, la lecture approfondie du texte en donne la clé : Verdi a écrit l'aria *Di quella pira* avec des passages vocalisants, ce qui est rare dans ses airs pour ténor. Mieux encore, le texte littéraire fait dire au Conte de Luna : « Quand on a jeté mon frère dans le brasier voici trois lustres. » On sait qu'à Rome, les lustres étaient des sacrifices qui avaient lieu tous les cinq ans ; trois lustres représentent donc quinze années : Manrico est donc très jeune. C'est d'ailleurs cette inexpérience et cette fougue de la jeunesse qui le feront aller, muni de sa seule épée, contre les hommes d'armes de Luna pour tenter, mais en vain, de venger celle qu'il croit être sa mère. On comprend alors mieux pourquoi Verdi a écrit cet air (chanté sur un diapason à 456 lors de la création à Naples) de manière enlevée et éclatante, et pourquoi il doit être chanté par un ténor lyrique ou lirico spinto souple.

Ténor dramatique

C'est une voix devenue très rare. Plusieurs ténors abordent le répertoire dramatique, mais peu d'entre eux ont les véritables caractéristiques de cette voix. Si l'on peut regretter parfois un certain manque de souplesse et de musicalité de sa part, il faut convenir que le dernier véritable ténor dramatique a été Mario Del Monaco. Le grand Franco Corelli aurait pu également aborder ce répertoire grâce à l'ampleur de sa voix, mais comme il possédait une très bonne technique lui permettant d'interpréter des rôles également très aigus, il est resté dans le répertoire lirico spinto. On peut citer dans cette catégorie Lauritz Melchior, Jon Vickers.

Tessiture du ténor dramatique :

Rôles types : le rôle-titre de l'*Otello* de Verdi, Samson dans *Samson et Dalila* de Saint-Saëns, Tristan dans *Tristan et Isolde* de Wagner, Ulysse dans *Le Retour d'Ulysse dans sa patrie* de Monteverdi, Florestan dans *Fidelio* de Beethoven.

Haute-contre

Cette appellation désigne une voix de ténor aigu. Ce n'est pas un *falsettiste* comme on pourrait le croire. Aujourd'hui, on l'assimile au ténor. Pourtant ce terme de « ténor » n'est apparu que vers 1790 et, en France, seulement vers 1830. Ce n'est donc pas un ténor léger mais c'est la voix masculine la plus aiguë. Jadis le haute-contre chantait aussi bien les rôles dramatiques que légers, les notes aiguës étant très allégées.

Tessiture du haute-contre :

Rôles types : le rôle-titre dans *Platée* de Rameau, dans l'*Orphée* de Gluck et la plupart des rôles confiés aux ténors légers aujourd'hui. C'est pourquoi les rôles doivent désormais être définis de manière empirique, car le véritable haute-contre d'autrefois avait aussi des possibilités de ténor dramatique. À notre époque, cette appellation est fatalement sujette à caution dans la mesure où on l'assimile à la voix de ténor léger. Dans ces conditions, nous n'acceptons, dans la catégorie « ténor », que les ténors *lyriques légers* et non les *ténors légers* – voix qui s'apparentent selon nous soit à un haute-contre moderne, soit à un ténor dont la voix n'est pas totalement épanouie.

Le haute-contre, aidé d'un professeur ayant une excellente oreille, doit harmoniser sa voix en ne remontant néanmoins pas trop le larynx, bien qu'il soit placé forcément beaucoup plus haut que pour les autres voix.

Le contre-ténor ou falsettiste

C'est une voix qui utilise tantôt la voix de *falsettiste*, tantôt la voix de ténor haute-contre. Avant l'apparition des castrats, les falsettistes chantaient les parties musicales les plus hautes. Aujourd'hui, les Italiens parlent parfois de « falsettistes naturels », par opposition aux castrats qui possédaient cette voix grâce à un lourd sacrifice anatomique, mais qui déployaient beaucoup plus de puissance. Aujourd'hui, cette voix s'obtient en utilisant le *falsetto* (fausse voix) : seules les fausses cordes vocales entrent en action, ce qui atténue la puissance de la voix. Pourtant, le contre-ténor doit pouvoir, en principe, réaliser également des notes graves, puisque son nom signifie « contre le ténor », c'est-à-dire voix plus basse (que le ténor). Mais de nos jours, il chante sensiblement le même répertoire que le haute-contre. C'est une voix qui requiert tout autant une oreille extérieure propre à bien homogénéiser les registres de poitrine et de tête.

Rôles types : Alfred Deller, Gerard Lesne.

Baryton lyrique

Voix intermédiaire entre la voix aiguë et la voix grave d'homme jusqu'en 1835. Ses rôles étaient écrits à l'époque dans la même clé que le ténor.

C'est une voix à la fois ronde et à l'aigu facile. D'ampleur moyenne, elle vocalise assez facilement. Elle est assez proche en couleur du ténor dramatique, mais avec moins d'aigu évidemment ; son timbre est moelleux.

Tessiture du baryton lyrique :

Rôles types : Albert dans *Werther* de Massenet, Lescaut dans *Manon* de Massenet, Mercutio dans *Roméo et Juliette* et Valentin dans *Faust* de Gounod.

Baryton lyrique type : Ernest Blanc, Sherill Milnes ou Robert Massard.

Baryton Verdi ou baryton d'opéra

C'est la voix ronde, ample, sombre et sonore par excellence. Elle allie la puissance, l'éclat et la rondeur. Le vrai baryton Verdi est parfois si sombre dans le grave qu'une oreille ordinaire peut s'y tromper et le considérer comme une voix de basse. Ce fut le cas pour Leonard Warren. Les possibilités du baryton d'opéra dans l'aigu sont telles que l'on raconte cette anecdote : un jour, dans un concert privé où Leonard Warren chantait avec Richard Tucker, tous deux décidèrent d'intervertir leurs noms et les airs qu'ils devaient chanter, et tout se passa si bien que personne ne remarqua la supercherie.

On remarquera que Verdi lui a écrit des *la* aigus dans le rôle de Iago, ce qui donne un aperçu des possibilités de cette voix.

Tessiture du baryton Verdi ou d'opéra :

Rôles types : Iago dans *Otello* de Verdi, le rôle-titre dans *Simon Boccanegra* de Verdi, Scarpia dans *Tosca* de

Puccini, le rôle-titre dans *Rigoletto* de Verdi, Athanaël dans *Thaïs* de Massenet, rôle-titre dans *Eugène Onéguine* de Tchaïkovski et, bien sûr, la plupart des rôles de barytons écrits par Verdi, qui sont à l'origine de l'appellation « baryton Verdi ».

Baryton Verdi type : Leonard Warren, Ettore Bastiannini, Piero Cappucilli, Alain Fondary.

Baryton-basse

Cette voix est aussi appelée quelquefois basse chantante. L'appellation baryton-basse vient de ce que cette voix, dotée d'un grave déjà consistant, monte assez bien à l'aigu. Davantage encore que certaines autres voix, celle-ci varie énormément d'un baryton-basse à l'autre sur le plan de la largeur de tessiture. Comme pour les autres, nous ne prendrons en considération que la tessiture acquise par une voix bien travaillée, sans tenir compte de l'existence éventuelle de quelques possibilités exceptionnelles qui ne suffisent pas à représenter cette catégorie.

Tessiture du baryton-basse :

Rôles types : Figaro dans *Les Noces de Figaro* de Mozart, Leporello de *Don Giovanni* de Mozart, les quatre démons dans *Les Contes d'Hoffmann* d'Offenbach, le Hollandais dans *Le Vaisseau Fantôme* de Wagner, Wotan dans la *Tétralogie*, etc.

Baryton-basse type : José Van Dam, Hans Hotter.

Basse chantante

Cette voix est très proche du baryton-basse ; le timbre en est plus mordant, plus métallique et moins rond ; le grave est plus accentué et plus aisé que celui du baryton-basse.

Tessiture de la basse chantante :

Rôles types : Méphisto dans *Faust* de Gounod, le rôle-titre dans *Boris Godounov* de Moussorgski, Bartolo dans *Les Noces de Figaro* de Mozart, Colline dans *La Bohème* de Puccini, le rôle-titre dans *Don Quichotte* de Massenet, Basile dans *Le Barbier de Séville* de Rossini.

Basse chantante type : Ezio Pinza, Fedor Chaliapine, Samuel Ramey.

Basse profonde

Cette voix, nommée aussi basse noble, se caractérise par un timbre rond, profond et sombre, mais par aussi beaucoup de mordant et d'éclat. Elle est employée pour les rôles les plus solennels du répertoire lyrique.

Tessiture de la basse profonde :

Rôles types : Sarastro dans *La Flûte enchantée* de Mozart, le Grand Inquisiteur dans *Don Carlo* de Verdi,

Fiesco dans *Simon Boccanegra* de Verdi, Dossifeï dans La *Khovanchtchina* de Moussorgski, etc.

Basse profonde ou noble type : Mark Reizen, Martti Talvela, Kurt Moll.

Si le schéma de Lili Lehmann reste assez exact dans l'ensemble, qu'il nous soit permis de remarquer cependant que les notes de l'aigu et de l'extrême-aigu doivent être pensées plus en avant dans le front, et par conséquent moins dans le crâne. Ceci permet d'homogénéiser davantage la voix et de ne plus avoir, comme on l'entend encore trop souvent (notamment chez les voix de femmes), un grave et un médium importants, assortis d'un aigu totalement dissocié et trop clair, voire pointu et métallique. À cet effet, nous savons que l'image d'une vague qui retombe loin en avant permet de garder le larynx en position basse, allongeant ainsi le conduit vocal et enrichissant l'aigu en harmoniques graves. Par conséquent, si l'on peut se référer à ce schéma concernant la place de quelques notes essentielles dans la résonance, il faut surtout s'attacher à ouvrir le vestibule laryngé et la cavité rhino-pharyngée par synergie avec les côtes, pour se préoccuper ensuite de la projection en avant de la voix.

Plus tard, les sensations vibratoires permettront d'automatiser cette démarche. Il serait néfaste de faire une fixation sur ces différentes places, car on canaliserait la voix qui ne s'épanouirait plus suffisamment.

Pour les sopranos et les ténors, on peut prendre cinq repères principaux :

- *do*^{2} au niveau de la base de la lèvre inférieure ;
- *sol*^{2} à la base du nez ;
- *mib*^{3} dans le creux du haut du nez (exactement où reposent les lunettes) ;
- *fa*^{3} à la base du front ;
- à partir de *sib*^{4}, puis *do*^{4} etc., au milieu du front.

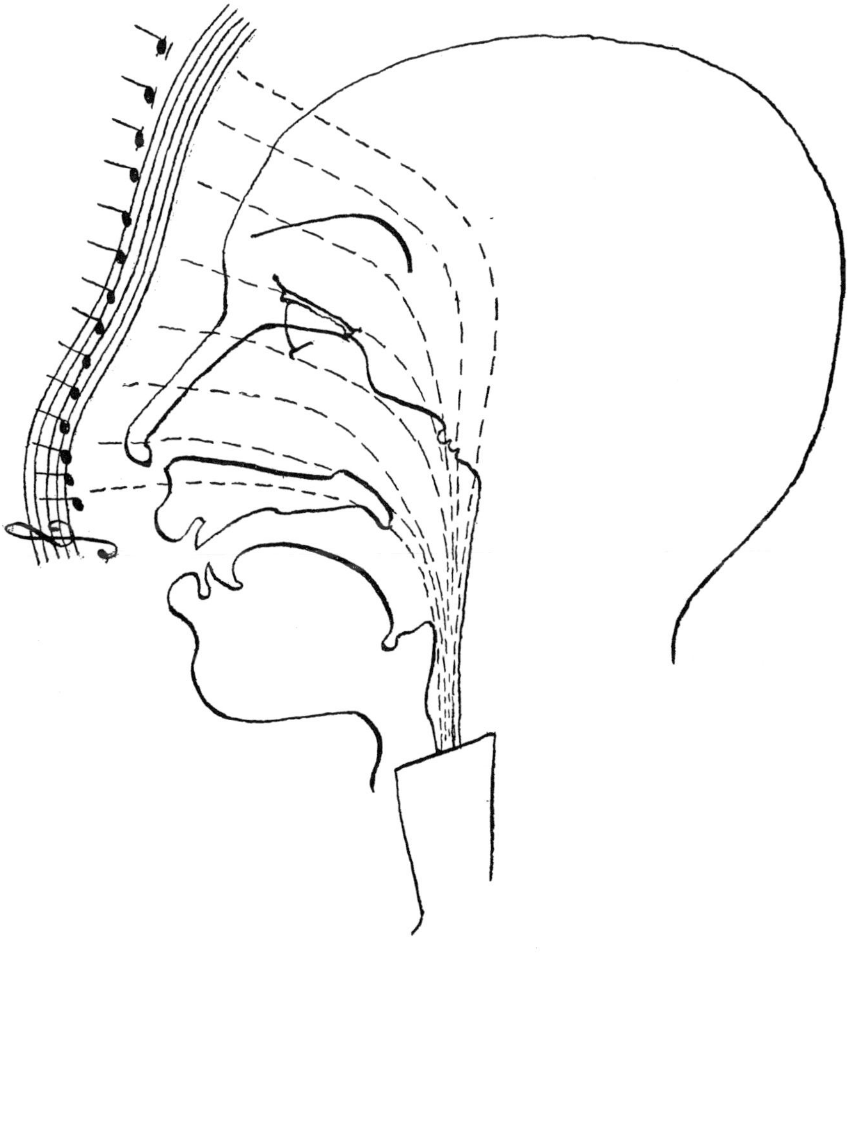

Pour les mezzos et barytons, suivre ce même schéma un ton et demi plus bas, et pour les basses et les contraltos une quarte plus bas.

SCHÉMA DE LA PLACE DES NOTES DANS LA RÉSONANCE

Cette place est la même pour toutes les voix d'une même tessiture, car les organes essentiels de la phonation sont peu dissemblables dans leur organisation : position laryngée, épaisseur et longueur des cordes vocales. La grosseur du larynx, son positionnement originel et les dimensions des cordes vocales sont absolument déterminants pour les tessitures.

Nous avons vu que les trois grands résonateurs sont : le vestibule laryngé, les cavités nasales, la cavité pharyngée, auxquels s'ajoute le ventricule de Morgagni pour les notes aiguës. Ces cavités de résonance déterminent, quant à elles, le timbre, la couleur et en partie la puissance, mais très peu la tessiture ; nous pouvons par conséquent avoir des voix de couleur et de timbre assez différents dans une même tessiture. Cependant, les sons qu'elles émettent sont assignés à une place identique dans la résonance ; on dit alors qu'elles possèdent les mêmes faisceaux harmoniques.

Comment déterminer la tessiture d'une voix ?

Elle doit être déterminée par la couleur de la voix et également par son spectre, c'est-à-dire ce qu'on appelle la pâte ou encore l'épaisseur, le noyau de cette voix ; les notes de passage complètent cette détermination. Une personne ayant l'oreille du chant ne peut s'y tromper. Répétons-le, ce ne sont pas les notes extrêmes, mais le centre de la voix, sa couleur, son ampleur et les notes de passage qui indiquent de manière sûre et déterminante la tessiture d'une voix. Toute autre considération est un leurre regrettable. Les erreurs de tessiture sont très préjudiciables à la voix, quelle que soit sa résistance. Il arrive qu'au gré d'une voix aux possibilités exceptionnelles, on puisse aborder certains rôles hors de sa véritable tessiture, mais il faut, dans ce cas même, travailler dans sa tessiture véritable tout au long de la carrière.

Beaucoup d'enseignants ont tendance à aller vers la facilité. Ils transforment très souvent un ténor à l'aigu difficile en baryton, ou en mezzo-soprano un soprano en butte à la même difficulté. Il leur arrive aussi de cataloguer un soprano doté de beaucoup d'aigu comme soprano très léger, ce qui n'est pas obligatoirement toujours le cas. Parfois, ce sont les chanteurs qui se laissent aller à ce genre de facilité, au prix de ne jamais parvenir au maximum de leurs possibilités vocales, ni au charme incomparable d'une voix souple et bien installée dans sa véritable tessiture. Quand il en est ainsi, les notes graves sont obtenues par un écrasement laryngé ou par des sons trop *poitrinés*.

Les registres

La voix de tête

La voix de tête est une voix constituée presque essentiellement d'harmoniques aiguës et très pauvre en harmoniques graves. Cela s'explique facilement : le larynx est en position haute et donc très en arrière. De ce fait, les vibrations émises à la faveur de cette position laryngée très haute se répandent essentiellement en tête et n'ont que peu de projection ; la pression et le soutien diaphragmatique sont très faibles. En conséquence, les cordes s'accolent de façon légère et sans beaucoup de tonicité ; la voix est peu timbrée et n'a que peu de puissance. Étant surtout composée d'harmoniques aiguës, la voix de tête a une sonorité très claire.

La voix de poitrine

Bien que ce terme soit employé depuis plus d'un siècle, il est sujet à caution. En effet, les vibrations émises par les cordes vocales se répandent dans le conduit vocal, la cavité pharyngée, les fosses nasales : dans ces conditions, on voit bien que la voix ne peut pas être considérée totalement comme une *voix de poitrine*. Par *voix de poitrine*, on veut signifier que le spectre de la voix est large, rond et sombre. Cela est dû à une bonne connexion du corps et de l'appareil phonatoire. Le larynx est alors en position basse, et la voix (lorsqu'on est en présence d'une bonne technique) s'avère ample et souple et de couleur sombre. Il serait plus exact de l'appeler *voix mixte appuyée*. Peu de chanteurs et d'enseignants la connaissent. Quelques chanteurs possédant une technique véritable la pratiquent, mais continuent à se tromper sur l'appellation, car depuis des décennies, on a pris l'habitude d'associer la rondeur à l'idée d'une résonance de poitrine – ne va-t-on pas jusqu'à dire « chanter un *ut* de poitrine » ? Nous avons vu qu'étant donné la disposition des cordes vocales et des résonateurs, il est impossible de produire une voix entièrement de poitrine, et que, lorsque la voix est bien conduite et souple, c'est une voix mixte appuyée que l'on obtient.

En voici l'explication : le larynx est en position basse et la respiration s'ancre sur les côtes flottantes (celles du bas du thorax) bien ouvertes. On monte à l'aigu en pensant à ramener le son en avant, comme le ferait une vague pardessus un surfeur, ou à la manière d'un capuchon qui serait cousu dans le dos à hauteur de la taille et que l'on rabattrait bien en avant sur la tête.

Le larynx en position basse donne une voix ronde et assez sombre car très riche en harmoniques graves, parce qu'il allonge le conduit vocal. On sait par ailleurs, depuis les travaux de Sunberg, qu'abaisser le larynx contribue à ouvrir davantage le pharynx. Pour sa part, l'ouverture des côtes ouvre par synergie toute l'arrière-gorge et étire le voile du palais latéralement, donnant beaucoup d'acuité et d'éclat à la voix. À l'écoute de cette voix à la fois sombre et pourtant éclatante, on est tenté de parler de *voix de poitrine* ; mais il s'agit bien, en réalité, de *mixte appuyée*. Le mot *appuyé* est employé ici pour signifier que la voix est bien soutenue et consistante ; il faut donc le considérer au second degré. Le terme *mixte* fait référence à l'éclat de la voix obtenu grâce à l'étirement du voile du palais et donc à la richesse en harmoniques aiguës. Le mélange d'harmoniques graves et d'harmoniques aiguës constitue la voix mixte : moitié poitrine, moitié tête. Il n'y a pas d'analogie avec les sons poitrinés produits par les voix de femmes et obtenus grâce à une bascule des cartilages du larynx afin d'avoir une résonance grave particulière pour un effet passager.

La voix de fausset (whistle voice)

Il existe certaines *voix de fausset* dues à une immaturité ; mais, dans la plupart des cas, la voix de fausset est due à une mue faussée. En cette occurrence, les fonctions physiologiques et anatomiques sont normales, mais le larynx est placé excessivement haut. La phonation se fait avec une pression sous-glottique anormalement basse. La voix est aiguë, faible et pauvre en harmoniques, donc détimbrée. Elle semble constamment enrouée. Elle donne de la personne qui en est porteuse, une impression d'immaturité accentuée par un son efféminé.

Le vibrato

Il permet à la voix de mieux passer l'orchestre en l'enrichissant harmoniquement et en évitant l'effet de masque. La voix est ainsi beaucoup plus sonore sans effort. Pour une voix bien travaillée, la périodicité est située entre 5 et 7 par seconde. Une voix doit disposer d'une bonne coordination des muscles permettant le geste vocal. Cela, dans la souplesse, et en évitant les excès de contraction sur toute la tessiture.

Le vibrato embellit la voix. Pour bien comprendre ce qu'est le vibrato, il faut penser d'abord oscillation. On peut, par exemple, se représenter les oscillations du balancier d'une horloge : lorsqu'il a effectué un aller-retour latéral, ce balancier a effectué ce qu'on appelle une période. Une vibration est identique à cette période, en ce sens qu'on peut la représenter par le mouvement ondulatoire ci-dessous :

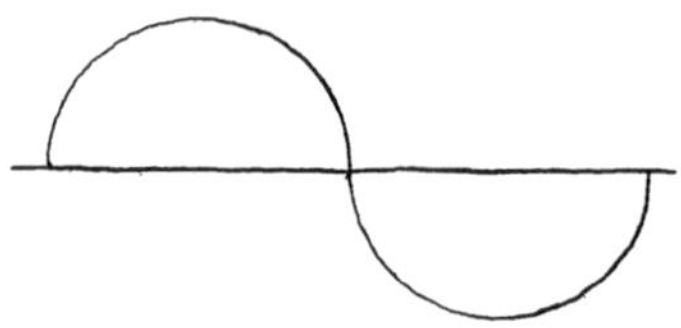

au lieu de

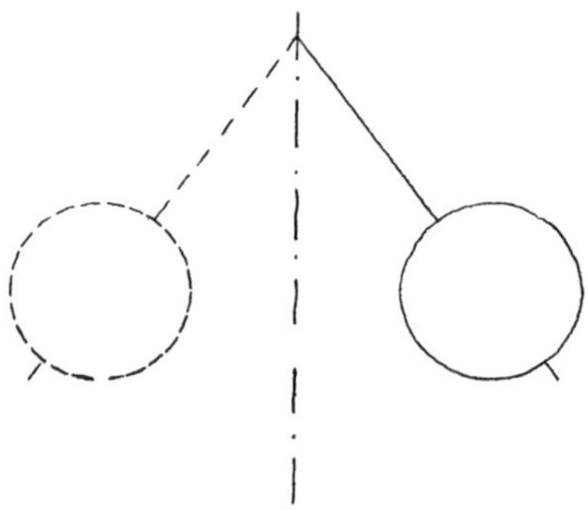

La *fréquence* d'un son, ou *période,* n'est autre qu'une vibration double. Le nombre de périodes par seconde constitue donc la *fréquence* et l'unité de fréquence est le Hertz. Un son de 3000 Hz est donc un son de 3000 périodes de vibration par seconde. Le vibrato de la voix doit être rigoureusement régulier afin de créer des ondulations régulières d'harmoniques. Ce sont elles qui vont enrichir et embellir la voix.

À NOTER. Si le vibrato est trop rapide, c'est que l'ensemble laryngé se trouve trop remonté (donc également trop en arrière); la cavité pharyngée est rétrécie et, avec elle, l'ampleur de la voix, la remontée du larynx privant la voix de résonances graves. La pression exercée sur des cavités résonantes rétrécies entraîne ce vibrato aigu et trop rapide. Un vibrato trop large, et donc trop lent, est à l'inverse le résultat d'un grossissement de la voix et d'un soutien défectueux du souffle. Un bon équilibre de la pression sous-glottique joint à une tension des cordes vocales adaptée à la hauteur du son, crée un vibrato harmonieux et adéquat.

Le vibrato normal et naturel est causé par une impulsion du nerf laryngé supérieur appelé aussi nerf vague. Le vibrato enrichit la voix. On sait que l'oreille humaine n'aime pas le son nu (ou pur) sans harmonique; elle lui préfère le son complexe issu d'un vibrato régulier. Le vibrato participe à la détente du larynx et assouplit la voix tout en l'embellissant.
Le vibrato est indissociable du timbre.
Comme le dit le docteur Cornut, excellent ORL et phoniatre: « Le timbre de la voix, tel qu'on l'analyse au sortir de la bouche, est la résultante de la transformation et du modelage du son laryngé par les cavités de résonance. »

LE TIMBRE

Nous possédons tous une empreinte vocale unique au monde au même titre que notre empreinte digitale. La particularité de notre voix est due à sa couleur, à sa hauteur, à son acuité, en un mot: à sa richesse harmonique.

Tout cela en fonction de notre morphologie personnelle. Cependant, cette morphologie est en partie modifiable : volume de cavité rhino-pharyngée, position de la langue, position du larynx, capacité pulmonaire, souplesse et tonicité des cordes vocales.

Le phénomène acoustique de la voix a été comparé au phénomène de la lumière blanche ou neutre passant au travers d'un prisme qui la décompose à la manière d'un arc-en-ciel. La voix source (c'est-à-dire les vibrations sortant des cordes vocales) se verra transformée et amplifiée par les résonateurs principaux : cavité pharyngée, vestibule laryngé, cavités nasales (et le ventricule de Morgagni pour l'aigu), la position de la langue jouant également un rôle.

L'oreille du professeur est ici absolument indispensable pour déceler vers quel résultat évoluera la voix qu'il entend au départ, et pour imaginer à l'avance quelle sera la voix d'un débutant (ou d'un jeune chanteur qui a mal appris), sous réserve que cette voix bénéficie d'une bonne position laryngée, de cordes vocales bien accolées et toniques, d'un pharynx librement ouvert et d'une bonne tenue du souffle. Au gré de ces nouveaux paramètres, les possibilités vocales s'amélioreront énormément, le timbre même sera changé, bien que devant conserver certaines de ces particularités.

Il ne nous semble pas exact d'employer le terme de *timbre extra-vocalique*. Soyons pragmatique en ce qui concerne les phénomènes vocaux. Nous estimons qu'il faut considérer comme *timbre* d'une voix, le seul *timbre vocalique*. L'*extra-vocalique* existe évidemment, mais ne peut pas être pris en considération dans la recherche que nous menons pour l'élaboration et l'amélioration d'une voix. Le *timbre extra-vocalique* ne nous semble à étudier que sur le plan théorique. On entend dire, en effet, que le *timbre extra-vocalique* dépend uniquement des dispositions morphologiques des résonateurs et du larynx. Or, faute d'une émission de voyelle, le son échoue à être amplifié. La tentative de chanter une consonne seule est vaine. Dans l'exemple « papa », lorsque la voyelle *a* est enlevée, on ne peut attendre que le son du *p* seul soit véritablement amplifiable. Pour prononcer cette consonne, on a toujours recours (comme d'ailleurs pour les autres consonnes) à une voyelle. La consonne peut s'écrire seule, mais sa prononciation requiert l'usage d'un son vocalique. Exemple : pe ou pé. Il y a donc toujours usage de voyelle et par conséquent *timbre vocalique*.

Ceci posé, le *timbre* de la voix est évidemment fonction des résonateurs et du larynx. Mais certaines cavités de résonance, nous l'avons vu, sont modifiables et très améliorables. Notamment, le larynx, en s'abaissant, allonge le *tractus vocal* (le tractus vocal étant simplement une autre appellation du conduit vocal).

De même, nous avons vu qu'en tenant les côtes écartées durant la phonation, toute l'arrière-gorge s'agrandit par synergie. De plus, en pensant à un début de bâillement, nous créons une hyperrétraction de la luette et un soulèvement de la partie uvulaire du voile du palais doublé d'un étirement latéral du voile. Seules les cavités nasales conservent le même aspect. Mais le voile du palais, étiré latéralement et soulevé en sa partie uvulaire, amplifie encore les vibrations émises dans le pharynx dans la mesure où elles atteignent les cavités nasales à travers le voile tendu comme une *peau de tambour*.

Cet ensemble de cavités agrandies souplement par un bon geste vocal améliore considérablement la phonation en qualité et en quantité comme nous venons de l'expliquer.

Répétons-le donc : grâce à une bonne technique vocale, on peut améliorer très sensiblement les qualités d'un *timbre*. Le *timbre* est déterminé par la couleur, l'acuité, la rondeur et la hauteur d'une voix. Doit s'y ajouter la souplesse qui donne sa suavité à la voix. Le timbre dépend également de l'accolement plus ou moins correct des cordes vocales, ainsi que de la fermeté de cet accolement. Le timbre, et la couleur dont il est porteur, sont les ornements naturels d'une belle voix ; ils en définissent autant la catégorie que la beauté.

Toute voix a besoin nonobstant d'un vrai travail technique pour se développer et résister au temps. Il existe de si belles voix naturelles que l'on pense, en les écoutant avec ravissement, à ces deux vers prononcés par Néron dans *Britannicus* à la gloire de Junie :

Belle, sans ornements, dans le simple appareil
D'une beauté qu'on vient d'arracher au sommeil.

Cependant le rôle de la technique est de coiffer, de maquiller et d'habiller cette voix, déjà si belle par nature, afin qu'elle soit plus éclatante encore et que le temps ait moins d'emprise sur sa beauté. Mieux encore, c'est grâce à une bonne technique qu'elle s'épanouira jusqu'à sa pleine maturité.

Le timbre d'une voix dépend de l'ensemble des résonateurs. Comme certaines cavités de résonance peuvent être modifiées grâce au travail vocal, le timbre peut lui aussi s'améliorer en partie. Il dépend également de l'épaisseur des cordes et de leur facilité d'accolement.

La couleur de la voix dépend elle aussi de ses résonateurs, mais elle peut être facilement modifiée à volonté, dans l'instant même, en vue d'éclaircir ou d'assombrir le son émis. Cette couleur peut varier à souhait sous l'intervention des lèvres bien sûr, mais aussi par l'ouverture plus ou moins grande de l'arrière-gorge et par le positionnement laryngé.

Le bâillement

Le bâillement peut-être *salvateur* ou *fossoyeur*. Son principe, trop souvent mal expliqué, donne lieu à des erreurs fondamentales entraînant une mauvaise exécution et, conséquemment, un résultat contestable, voire dangereux pour la voix. Examinons le principe du bâillement naturel. Que se passe-t-il ? Le bâillement non provoqué est dû, dans la quasi-totalité des cas, à la fatigue. La *quarantaine* de muscles qui sous-tendent l'ensemble laryngé se distend par l'effet de fatigue. Le larynx descend alors dans la trachée. Il provoque ainsi la bascule des cartilages crico-thyroïdiens et l'hyper-rétraction de la luette, ainsi que le soulèvement de la partie uvulaire du voile du palais. Il est donc clair que ce mouvement naturel n'a rien à voir avec la recherche de soulèvement du seul voile du palais que préconisent certains professeurs. En cherchant à soulever ce voile, on remonte toute la position laryngée et l'on appauvrit la voix en harmoniques graves, du fait de cette remontée anormale de l'ensemble laryngé. On interdit ainsi le phénomène de bascule des cartilages concernés. Ce bâillement doit donc être seulement *amorcé*, c'est-à-dire qu'on se borne à initier ce mouvement pour éviter de faire descendre exagérément l'ensemble laryngé. Cela déclencherait le phénomène dit de la « *patate chaude* » qui est à déconseiller. On ne pourrait pas non plus à travers ce geste provoquer la projection du son en avant. L'exécution de cette amorce de bâillement, tout comme celle de l'aigu, exige bien sûr de laisser la mâchoire très souple et de penser à l'image de la vague afin de permettre au son de tourner.

V

Les défauts de la voix : comment les traiter ?

Les sonorités nasalisées, les appuis glottiques

Lorsqu'une voix est trop nasale, c'est que la région uvulaire du voile (c'est-à-dire située au niveau de la luette) est trop basse. Les vibrations émises par les cordes vocales passent alors derrière la luette au-dessus du voile et sont, par conséquent, captées directement par les fosses nasales. Nous sommes donc en présence d'une voix essentiellement nasalisée. Il existe, bien sûr, des voiles du palais plus bas naturellement que d'autres ; c'est pourquoi l'on rencontre aussi des voix parlées nasalisées. Que faire ?

Nous l'avons vu, l'abaissement souple du larynx préparé comme en un début de bâillement provoque la rétraction de la luette et le soulèvement uvulaire. C'est ainsi qu'il faut procéder et non pas chercher à soulever seul le voile directement, car, en s'y prenant de la sorte, c'est l'ensemble laryngé tout entier qui remonte sans que le problème soit résolu. Pire : l'ensemble laryngé étant remonté, la voix s'appauvrit en harmoniques graves. On obtient alors une voix perchée et, pire, nasalisée. Si le larynx n'est pas en position correcte, la voix ne tourne pas et sa raideur entraîne des appuis glottiques. On s'aperçoit à cette occasion que les deux défauts sont dus aux mêmes erreurs : une voix en appui glottique, c'est-à-dire laryngée, est également une voix trop nasale. Seule l'ouverture du pharynx, obtenue par une préparation au bâillement, permet l'abaissement laryngé et le soulèvement de la luette (et non du voile) par pivotement du cartilage cricoïde, ainsi, par conséquent, que l'ouverture souple du rhino-pharynx et la disparition des sonorités nasales.

Histoire vécue

Un jour, dans un grand établissement d'enseignement en France, un professeur me confie un jeune ténor à la voix très nasalisée afin que je lui corrige ce défaut. En partant, ce professeur me confie : « Vous savez, grâce à mon travail, sa voix est déjà moins en avant. »

J'ai dû lui expliquer qu'une voix n'est pas trop nasalisée parce qu'elle est trop en avant : il n'y a pas d'orifice dans le palais dur qui conduise aux fosses nasales. Simplement, les piliers du voile mou ne sont pas étirés et le voile lui-même n'est pas soulevé en sa partie uvulaire. En conséquence, les vibrations émises par les cordes vocales arrivant dans ce pharynx non ouvert passent derrière le voile directement, et sont captées essentiellement par les fosses nasales.

Les sons plats ou en arrière

Lorsqu'un son est trop en arrière, cela signifie qu'il n'a plus de projection vers l'avant. Derrière cette apparente lapalissade se cache la vérité d'un mauvais mécanisme. Ce défaut est dû à une mauvaise position laryngée : le larynx est alors trop haut. Nous avons vu précédemment que le larynx recule au fur et à mesure qu'il remonte. Nous verrons plus loin des exercices l'empêchant de remonter et donc de reculer. Lorsqu'il retrouve sa position basse, le larynx est aussi mieux ouvert et le problème se trouve résolu.

Le vibrato exagéré

Il est toujours dû à une mauvaise technique, sauf dans le cas de personnes très âgées. Nous précisons très âgées car l'on pourrait citer des personnes qui chantent encore sans vibrato exagéré à plus de soixante-cinq ans.

La voix bouge si l'appui glottique (c'est-à-dire la pression entre les cordes) est trop important et s'il y a contraction au lieu d'extension musculaire. Elle bouge aussi si le larynx est mal positionné ou si la langue recule trop, entraînant une instabilité laryngée. Enfin, elle bouge, bien sûr, si le diaphragme est instable et si le chanteur fait travailler le muscle grand droit – muscle qui se trouve en avant du corps sur la sangle abdominale. Ce sont les grands obliques et les intercostaux qui, évidemment, doivent travailler, mais souplement eux aussi.

Certains enseignants, comme certains chanteurs d'ailleurs, confondent vibrato et chevrotement. Cette instabilité de la voix n'a rien à voir avec la richesse harmonique qui détermine le véritable vibrato. Rappelons ici que les harmoniques sont composées de sons ayant une fréquence multiple de la fréquence du son fondamental, et qui viennent s'ajouter à ce son initial, enrichissant ainsi le timbre de la voix qu'elles participent à déterminer.

Le relèvement de la langue

Le relèvement de la langue est dû à une trop forte contraction au niveau de sa racine. On remarque que beaucoup de chanteurs de langue espagnole présentent ce défaut. Ce n'est pas le hasard. Certains mots de cette langue sont très gutturaux et entraînent, d'une part, une contraction linguale et, d'autre part, une propension à s'écouter de l'intérieur. D'autres chanteurs de nationalités différentes le font parfois aussi dans le but (inconscient) de s'entendre mieux de l'intérieur. Une partie des vibrations est en effet arrêtée par ce relèvement de la pointe de la langue et se propage à l'intérieur de la cavité buccale, ce qui flatte l'oreille interne par conduction osseuse.

Nous conseillons deux exercices sur des notes répétées sur les phonèmes suivants, afin que la langue reste positionnée près des incisives et bien à plat : grâce au premier exercice, elle restera sur les dents d'en bas, grâce au deuxième contre les dents d'en haut. Monter par demitons.

Ces deux exercices vont permettre de laisser la langue à plat, la pointe de la langue contre les dents.

À la faveur du premier *yor/yé/yor/yé/yi* (comme dans *bouilli*), la pointe de la langue se pose contre les dents d'en bas. De ce fait, les vibrations viennent sonner au niveau de la lèvre inférieure.

Dans le deuxième exercice, les phonèmes *ñior/ñié/ñi* permettent aux vibrations de venir palpiter sous la lèvre supérieure et à la base du nez, atteignant aussi les sinus maxillaires.

Le recul de la langue

Il est dû à une trop grande tension. C'est un défaut beaucoup plus répandu chez les femmes, et ce n'est pas le hasard : les sopranos, notamment, chantent à l'octave au-dessus des voix d'hommes et la fréquence des sons qu'elles émettent est beaucoup plus élevée.

Il faut savoir ce qui suit sur le plan anatomique : la racine de la langue est reliée musculairement à l'os hyoïde (appelé ainsi car c'est un os impair en forme de U, le seul qui soit indépendant du reste du corps). Cet os hyoïde est lui-même rattaché par des ligaments au larynx. Ainsi la langue, quand elle bouge beaucoup, entraîne un vibrato exagéré, et même un déplacement laryngé. Il faut alors, toujours à l'aide des exercices spécifiques précités, repositionner la langue. Corriger le relèvement de la partie arrière afin d'éviter le soulèvement du larynx lui-même, mais aussi parce que ce soulèvement de la langue obstrue en partie le pharynx – ce qui ôte à la voix son ampleur et sa rondeur.

Les deux exercices précédents permettent de garder la langue à plat avec la pointe effleurant les dents ; elle prend alors corrélativement l'habitude de ne plus reculer, y compris dans l'aigu.

En reculant la langue, on crée donc un déplacement laryngé néfaste. Or, ce recul est provoqué par des tensions à l'approche de l'aigu, et les voix de femmes chantant à l'octave supérieure sont plus sujettes à ce défaut.

Il est nécessaire de garder la langue bien à plat, la pointe contre les dents d'en bas – et ce, d'une manière générale. Il est vrai que le dos de la langue remonte sur les voyelles é et i, mais grâce à une bonne technique – et à des exercices appropriés – ce relèvement est beaucoup moins accentué, et la langue reste à plat sur l'ensemble de la phonation.
Plus la langue reste à plat, plus l'espace situé entre elle et le palais est grand ; plus la voix, par conséquent, devient ample, libérée et également sonore.

La voix détimbrée, tubée ou grossie

C'est une voix qui en général n'a pas de soutien diaphragmatique correct et qui, d'autre part, ne bénéficie pas d'une cavité rhino-pharyngée libre et ouverte ; elle est donc très pauvre en résonance. Dans tous les cas envisagés dans notre titre, le larynx est également trop reculé et trop haut. On dit que c'est une voix qui n'a pas de retour et donc pas de projection. En fait elle manque d'ouverture, surtout de celle de l'arrière-gorge. Lorsqu'une voix est ouverte, elle demande par supplément à s'empreindre du caractère *squillo* – ce mot, même s'il signifie *sonnette* au départ, ayant été beaucoup employé par les anciens maîtres italiens comme synonyme d'acuité –, une certaine brillance venant s'ajouter à l'intérieur d'un son rond. Le *squillo* permet d'éviter un défaut que l'on trouvait à un certain moment en Allemagne et dénommé phénomène de la « patate chaude ». L'ouverture pharyngée était bonne mais exagérée, et encore renforcée par des sonorités telles que *klein*, *allein*, etc. Privé du *squillo*, la voix restait à l'intérieur et était souvent *tubée*, *grossie*, *évasée*. Alors, elle ne passait pas l'orchestre et manquait de brillance.

L'exagération labiale

Elle est due a une mauvaise éducation vocale. Elle a longtemps trouvé sa source chez les pianistes répétiteurs et les chefs de chant qui souvent ignoraient tout de la phonation. Encore aujourd'hui, certains veulent exagérer ce qu'ils appellent l'*articulation*. Voilà un mot redoutable. Nous lui préférons le mot *prononciation* qui suppose une ouverture de l'arrière-gorge et un travail minimal des lèvres. De cette façon, le son est déjà bien formé dans le pharynx et il suffit de peu d'effort des lèvres pour obtenir un son bien *prononcé* (et non pas *articulé*). À quoi sert sinon d'avoir une caverne pour aller crier « hou ! hou ! » à l'extérieur ? De plus, cette exagération de la crispation des lèvres entraîne une crispation de tout l'appareil laryngé et une remontée en avant du larynx.

Insérons ici un résumé des publications de Mme Nicole Scotto Di Carlo, odologue et directeur du département de Recherches sur la voix au C.N.R.S. (Centre national de la recherche scientifique d'Aix-en-Provence), concernant l'articulation et le voile du palais. Les conclusions apportées à la fois sur les thèmes de l'articulation et sur ceux du fonctionnement du voile du palais dans l'aigu, nous confortent dans notre travail sur la technique vocale. Cette étude apporte des preuves scientifiques supplémentaires à nos constatations dans ces deux domaines.

> « **Influence de l'articulation sur la musicalité de la phrase chantée.**
>
> L'étude comparative d'un même extrait émis successivement en voix chantée normale et en voix chantée surarticulée, a permis de mettre en évidence le rôle perturbateur de l'articulation dans le chant et ses conséquences sur les divers éléments qui constituent la musicalité de la phrase chantée.
>
> Les résultats obtenus remettent en question les techniques vocales fondées sur l'articulation ou l'appui consonantique et sont susceptibles de servir de point de départ à l'élaboration d'une méthode de chant plus conforme à la réalité physiologique et acoustique.
>
> **Le rôle perturbateur de l'articulation dans le chant.**
>
> L'analyse acoustique d'une mélodie de Debussy interprétée par une soprano professionnelle en veillant d'abord à l'articulation puis à l'esthétique du son, a permis de démontrer l'influence néfaste de l'articulation sur l'homogénéité des registres, la qualité du vibrato et du legato, l'esthétique des attaques, tenues et extinctions.
>
> Les méthodes de chant fondées sur l'articulation sont donc à proscrire systématiquement car elles ne peuvent

> que compromettre le difficile équilibre que doit trouver le chanteur pour réussir à préserver à la fois la compréhension du texte chanté et l'esthétique musicale. »

À la lumière de cette étude, nous sortons affermis dans notre volonté de privilégier la technique des anciens maîtres napolitains, vieille aujourd'hui de plus de deux siècles et essentiellement fondée sur le travail des voyelles auquel s'ajoutent les consonnes en fin d'études vocales seulement, et qui préfère le terme de prononciation à celui d'articulation.

Le manque d'aigu ou de grave

Pour le grave, la déficience est due à un manque de tonicité joint à un mauvais accolement des cordes, quelquefois aussi à un grossissement de la voix dans le centre de la tessiture. Évidemment, des cordes vocales peu toniques et qui ne s'accolent pas parfaitement entraînent aussi un manque d'éclat dans l'aigu. Pour ce qui concerne l'aigu, il faut ajouter aux causes précédentes le manque de souplesse pharyngée dû à un mauvais entraînement de la voix, ainsi qu'à un serrage au niveau du larynx – défauts qui empêchent la fameuse bascule thyroïde-cricoïde liée au soulèvement d'une partie du voile du palais et à l'étirement latéral des piliers du voile.

En ce qui concerne l'aigu et le voile du palais, précisons encore certains points importants afin de ne pas perpétuer une erreur fondamentale d'appréciation vieille de trois siècles. Citons de nouveau Nicole Scotto di Carlo :

> « Depuis le XVIIe siècle où sont parus les premiers ouvrages sérieux de technique vocale jusqu'à nos jours, une place prépondérante a toujours été accordée au voile du palais et au rôle qu'il joue dans le chant, en particulier pour l'émission de l'aigu.

Pendant trois siècles, on a écrit et enseigné que le voile du palais devait se soulever progressivement du grave à l'aigu. Or, tous les films endoscopiques du voile réalisés sur des chanteurs professionnels et des étudiants avancés ont révélé que, dans l'aigu, le voile du palais s'abaissait au lieu de se soulever, constatation d'ailleurs confirmée par les téléxéroradiographies de profil.

Afin d'expliquer ce phénomène et de comprendre comment une telle erreur dans l'appréciation d'un mouvement pouvait être commise par des sujets dont les sensibilités internes sont extrêmement développées, on a réalisé une endoscopie exo- et endo-buccale qui a permis d'observer une tension transversale du voile et un étirement des piliers postérieurs associés à une hyper rétraction de la luette. C'est ce soulèvement important de la région uvulaire dans l'aigu qui donne aux chanteurs l'illusion de soulever l'ensemble du voile, ce qui explique que cette erreur ait pu être perpétuée pendant si longtemps par les chanteurs et les professeurs de chant. »

Le manque d'ampleur ou de rondeur

C'est un peu le même problème que celui de l'exagération labiale. On se sert trop des lèvres et la voûte rhinopharyngée n'est pas bien ouverte. À cet égard encore, il faut veiller à réaliser à l'inspiration un bon abaissement souple du larynx dans une sorte de début de bâillement. Il faut toujours penser à l'*aperto-coperto*, afin qu'il n'y ait pas seulement ouverture de l'arrière-gorge, mais aussi projection du son. Le larynx restant alors abaissé souplement, il allonge le conduit vocal et enrichit la voix en harmoniques graves qui lui donnent la rondeur.

La voix qui ne passe pas l'orchestre

C'est une voix qui n'est pas assez timbrée et donc pauvre en harmoniques. Il existe plusieurs raisons à cela. Il peut arriver que la voix soit trop poussée. Nous savons qu'il existe pour chaque muscle extenseur ou constricteur un muscle antagoniste. Lorsqu'on met trop de pression, il se passe la même chose que si l'on contracte trop un muscle : les autres réagissent à l'inverse. De même, si l'on veut trop ouvrir les côtes ou la gorge, tous les muscles se crispent alentour en réaction. Il se peut aussi que l'abaissement du larynx ne s'opère pas bien et qu'il n'y ait donc pas d'amplification palatale et pharyngée par extension. On pourrait dire que la voix n'est pas *acoustiquée*. Dans ce cas, le remède est d'inspirer en feignant l'étonnement, la surprise, avec la sensation d'aspirer de l'air jusqu'au fond de l'arrière-gorge. Ensuite, penser à chanter pour le fond du théâtre en imaginant que les sons tournent en sortant de la bouche. Tout cela en tenant les côtes ouvertes souplement, c'est-à-dire sans excès d'ouverture.

La voix bien libérée peut alors émettre des sons pleins et éclatants, résultant de vibrations émises selon des sinusoïdes amples et libres, car aucune contraction excessive ne vient contrarier l'émission vocale.

L'apparition nodulaire

Tous les spécialistes de la voix sont unanimes. L'apparition d'un nodule en bord de cordes, et plus rarement dans l'épaisseur du ventricule de Morgagni, est toujours due à une mauvaise technique, à un dysfonctionnement vocal, bien qu'un état de stress soit également susceptible de le favoriser. Il est à remarquer que ce sont presque exclusivement les femmes qui souffrent de ce défaut vocal chez l'adulte. On peut expliquer cette spécificité en considérant les fréquences d'accolement des cordes vocales. Chez les sopranos notamment, les fréquences peuvent atteindre 4500 Hz, ce qui entraîne une très grande tension des cordes vocales. Il faut noter par ailleurs que le stress chez la femme semble prédisposer les cordes vocales à cette pathologie. Il n'en reste pas moins vrai que l'emploi d'une technique déficiente ou mauvaise et le travail dans une fausse tessiture favorisent, plus que tout autre facteur, l'apparition nodulaire. Une hygiène de la voix est nécessaire ; cela signifie aussi une méthode de travail corrélative à la technique. Nous verrons qu'il est déconseillé de travailler des heures sans interruption.

Le nodule est une protubérance blanche ou grisâtre située sur le bord libre de la corde vocale à l'union du tiers antérieur et du tiers moyen, car c'est là le point maximum du traumatisme produit par la phonation dans les sons aigus. C'est une réaction tissulaire à un flottement des cordes vocales qui provoque une excroissance d'épithélium hyperkératasique sur une fibrose sous-jacente. Une fois apparu et formé, le nodule crée une dysphonie. La saillie d'un nodule dans la glotte provoque une turbulence du flux aérien et, bien sûr, en perturbe l'aérodynamique. Il en résulte une voix qui présente une sorte de voile, d'enrouement, dû au mauvais accolement des cordes. On l'appelle *voix soufflée*. On entend avec une bonne oreille le nodule en début de formation, notamment sur *sol*^{4} - *lab*^{4}. Il existe un exercice tout à fait remarquable pour le traitement des nodules et, d'une manière générale, pour toute voix fatiguée : cordes s'accolant mal, cordes présentant un grossissement dû à un forçage vocal ou à une technique déficiente ou encore à une erreur grossière de tessiture. Cependant, cet exercice demande à être montré vocalement et non simplement expliqué en théorie, comme nous l'avons déjà indiqué. Nous ne pouvons le décrire ici sans encourir le risque qu'il soit mal appliqué, ce que nous nous refusons à faire.

L'ulcère de contact

Une voix placée anormalement grave peut provoquer un ulcère de contact. Il est le fait d'un malmenage vocal qui entraîne une réaction tissulaire traumatique ; c'est une érosion de la muqueuse. Les femmes en sont rarement atteintes et on ignore cette pathologie chez l'enfant, ce qui renforce la thèse selon laquelle la voix parlée ou chantée anormalement basse est la source de cette anomalie.

Dans un autre ordre d'idées, il est recommandé aux chanteurs de prévenir le médecin en cas d'opération afin d'accentuer les précautions d'intubation. En effet, l'intubation laryngée peut entraîner des traumatismes en provoquant des ulcérations de la région des cartilages aryténoïdes. Par ailleurs, les coups de glotte répétitifs, de même que la trop grande pression sous-glottique favorisent cette pathologie.

Les symptômes de l'ulcère vocal

Ils se manifestent par une douleur issue de la profondeur du cou et irradiant vers l'oreille ou la face externe du cou, par une sensation de corps étranger dans la gorge, un besoin de raclement, une sensation de sécheresse douloureuse. Les sujets soumis à une trop grande tension à la suite d'un stress (dû à une ambiance inamicale lors des répétitions par exemple) ou d'un trac trop intense peuvent développer une dysphonie ventriculaire. On en a fait pour cette raison un trouble hyperkinétique. Cette dysphonie doit son nom au fait que la voix est produite par la vibration des bandes ventriculaires au lieu des vraies cordes vocales.

La dysphonie de conversion

Comme toute psychonévrose, elle entraîne une perte volontaire du contrôle du muscle strié de conversion. Depuis les travaux de Freud, on l'appelle aussi *réaction de Freud*. Celui-ci, en effet, a expliqué comment une attitude ou une idée qui serait insupportable est transformée de façon inconsciente par le sujet en dysfonctionnement physique et donc organique. En fait, le sujet ne présente évidemment aucune lésion physiologique ni organique. Ce genre d'atteinte cache chez le chanteur des troubles psychiques ou des peurs assez profonds. Alors, le chanteur somatise inconsciemment jusqu'à être persuadé de connaître un problème organique : il s'abrite derrière cette pathologie que nous dirons *créée par son inconscient*. Ce subterfuge lui donne un argument pour son entourage et lui évite de traiter son vrai problème.

Les problèmes de justesse

Ils peuvent être dus en premier lieu à une déficience de perception auditive : mauvaise coordination entre le capteur, l'oreille interne et le larynx.

Ils sont souvent dus aussi, soit à un soutien insuffisant par suite de fatigue ou d'une mauvaise gestion de la respiration, soit au contraire à une trop forte pression sous-glottique. Dans le premier cas, le son est trop bas par manque de soutien du souffle ; dans le second cas, outre des ennuis de serrage et de crispation de l'appareil laryngé, le son trop poussé devient trop haut et donc également faux.

Les problèmes de la voix parlée

Beaucoup de professeurs des lycées et collèges, par exemple, ont des problèmes de voix : ils doivent se faire entendre de l'ensemble des élèves dans un espace important.

D'une manière générale, beaucoup de personnes se servant de manière intensive de leur voix parlée sont sujettes à des fatigues ou à des difficultés d'émission.

Il faut noter que les voix détériorées ou très fatiguées

sont moins nombreuses chez les chanteurs professionnels.

L'explication se trouve dans le soutien du souffle et dans l'émission du son.

En effet, on n'apprend pas aux enseignants à se servir de leur voix. Il conviendrait pourtant d'adopter une démarche préventive dans cette profession. Les grands maîtres italiens du passé disaient toujours : « Chante comme tu parles. » Pour les enseignants, il faudrait intervertir la formule : « Parle comme tu chantes. » Et, pour y parvenir, d'abord acquérir une respiration diaphragmatique intercostale.

Dans ce but, allongez-vous sur le dos. De cette manière, en effet, même une personne non expérimentée respirera beaucoup plus bas, donc sans soulever les épaules, et par conséquent sans contracter la partie supérieure du thorax. Expulsez tout l'air de vos poumons. Posez les mains sur les côtes et écartez-les bien en inspirant sans excès pour ne pas entraîner de réaction des muscles antagonistes à ce geste d'ouverture. Recommencez plusieurs fois en vous vidant au maximum. Contrôlez que le ventre ne se gonfle pas beaucoup et privilégiez bien l'écartement du bas du thorax. Puis mettez-vous debout et soufflez sur la flamme d'une bougie en la couchant sans toutefois l'éteindre jusqu'à manquer d'air.

Ensuite, prenez une bonne inspiration et au lieu de souffler chantez sur une note du médium (c'est-à-dire pas très haute) : les phonèmes *or* pour ouvrir la voûte pharyngée, *yor* pour faire travailler la langue. *Yé puis nior, nié, ni.* Pour tonifier les cordes, dites ensuite *que, qué, qui* puis *gue, gué, gui.* Puis *te, de, le.* Enfin dites *or, é, i.* Ne parlez pas de manière intensive sans avoir fait ces exercices le matin en vous levant. Dans la journée, quand vous devez beaucoup parler, prenez toujours votre inspiration profondément comme pour chanter (on sait en effet qu'il est possible de contrôler, grâce à la fibre optique, l'accolement des cordes qui se produit pendant qu'une personne parle). Elles se tonifieront également avec les exercices et un bon soutien du souffle.

Parlez de manière absolument normale, sans affectation. Par contre, pensez toujours projection du son en avant comme lorsqu'on appelle une personne. Si votre voix semble déjà détériorée, consultez un bon professeur de chant ou un orthophoniste ou un phoniatre.

VI

L'hygiène vocale

On a souvent reproché aux chanteurs de manifester des comportements particuliers, ou d'avoir des exigences que n'ont pas les instrumentistes. Bien sûr, il y a chez les chanteurs, comme dans toute corporation, des comportements regrettables ou caractériels qui ont peu de chose à voir avec le talent. On observe chez certains chanteurs, comme chez d'autres êtres humains, des troubles psychosomatiques ou fonctionnels. Ils sont dus en partie à une immaturité psychologique ou, quelquefois encore, sont des pathologies de substitution. Par ailleurs, un retard de maturité endocrinienne affectant le développement du larynx maintient en conséquence une voix très haut placée, ce qui ne va pas sans entraîner le plus fréquemment des troubles psychogènes, mais aussi un comportement de substitution sur le plan psychologique. Chez l'homme, cette voix trop féminisée peut ne pas être acceptée et déterminer des troubles du comportement.

Ceci étant, le chanteur n'est pas un instrumentiste identique aux autres musiciens. Il est tributaire de la « santé de son instrument ». La voix, en effet, est sujette à des modifications importantes qui peuvent altérer parfois gravement ses possibilités phonatoires.

Dans certains cas pathologiques, tels que l'ulcère du duodénum, qui est un ulcère nerveux, ou une autre altération du système digestif comme la hernie hiatale, il se produit des régurgitations acides sur les cordes, notamment en position allongée. Il est alors indispensable de suivre un traitement médical. Il est également préconisé de dormir la tête surélevée pour éviter les remontées acides.

La fumée

Soyons clair à ce sujet, le chanteur ne doit pas fumer. On nous rétorquera que « certains chanteurs pourtant célèbres... », etc. Disons tout de suite qu'en aucun cas l'usage du tabac n'a amélioré leur voix, c'est le moins que l'on puisse dire.

Ajoutons qu'à une époque où l'on respire un air excessivement plus pollué, nous n'avons pas besoin de le polluer davantage. Pour les chanteurs, le danger s'avère beaucoup plus important que pour le commun des mortels. En effet, la fumée dessèche peu à peu les muqueuses, ôtant progressivement toute élasticité au muscle vocal. On sait, par ailleurs, qu'une seule cigarette paralyse les cils vibratoires émergeant des cordes vocales durant vingt minutes. Dans un premier temps, le dessèchement des cordes vocales et des bandes ventriculaires donne du métal au grave. On a ainsi vu des voix de basses paraître très provisoirement plus flatteuses dans le grave. Mais dans tous les cas, même chez les plus belles voix, l'aigu a disparu, et avec lui toute souplesse. Ajoutons enfin qu'un chanteur a un tel besoin de ses poumons qu'il est très dommageable de les encrasser avec des dépôts de nicotine. L'inhalation de fumée dans un lieu public dérange considérablement les chanteurs et ce n'est pas là un caprice de leur part.

Les produits laitiers

Les produits laitiers, disaient les vieux chanteurs, enrhument.

C'est un raccourci. Ils entraînent effectivement des réactions du foie créant des mucosités chez la très grande majorité des chanteurs, comme chez tous les individus. Ils sont utiles à l'organisme, notamment par l'apport de calcium qu'ils représentent. Il faut donc les consommer dans un temps espacé des représentations, mais on n'est pas obligé, sauf avis médical particulier, de s'en priver.

L'abus d'alcool et de viande rouge

Il est déconseillé bien évidemment. Cependant, un verre de bon vin rouge s'avère très souhaitable. Avant un concert ou une représentation, chacun se comportera en fonction de ses particularités organiques. On peut néanmoins conseiller pour ceux qui veulent ou ressentent le besoin de manger, de consommer des pâtes. Ce sont des sucres lents et le chanteur bénéficiera grâce à eux d'une énergie suffisante pour la durée d'un spectacle.

Dans ce domaine, il faut donc apprendre à connaître son organisme et les réactions de certains produits sur sa voix.

Le sommeil

Là aussi, il convient d'être pragmatique : le sommeil est irremplaçable pour le chanteur. Un chanteur qui dort beaucoup bénéficie d'une voix très riche en harmoniques aussi bien graves qu'aiguës. La démonstration est évidente si l'on inverse le processus. Un chanteur qui ne dort pas assez perd la rondeur de la voix, ainsi que les notes extrêmes, de même que le soutien du souffle.

Le manque de sommeil diminue également les possibilités de mémorisation, à cause de la fatigue que ce processus entraîne. Enfin, tous les muscles conditionnant le souffle ainsi que ceux de l'appareil phonatoire deviennent beaucoup moins toniques et souples.

La protection thermique

Il est évident qu'un chanteur est contraint de prêter attention aux brusques changements climatiques et qu'il ne peut se promener sans protection vestimentaire sous la pluie, par exemple, ou par grand froid.

Par contre, il est souhaitable de garder bonne mesure en ce domaine. L'élève chanteur doit s'habituer dès le début à ne pas se *surprotéger*. Il ne ferait ainsi que se fragiliser au long des années. Or, à une époque où les transports aériens se multiplient, le chanteur qui fait une carrière internationale se trouve justement confronté à des changements brusques de température. Il doit aussi affronter nombre de lieux climatisés – ce qui, pour certains, pose des problèmes non négligeables que l'allergologie n'a pas pour l'heure résolus.

Le chanteur doit éviter de parler dehors par grand froid surtout après un gros effort vocal. Là encore, le bon sens et la connaissance de soi sont évidemment indispensables.

VII

Conseils aux jeunes chanteurs

La nécessité d'aimer sa voix

Aimer sa voix exige de la juger sans complaisance, afin d'y déceler le cas échéant le moindre défaut susceptible d'altérer sa beauté et sa longévité : défaut d'émission, de soutien, manque de souplesse ou de tonicité.

Aimer sa voix demande aussi de veiller constamment à ne pas la fatiguer inutilement et de se ménager des temps de repos, ainsi qu'une préparation vocale appropriée avant chaque effort vocal important. Ce vif intérêt, cette considération particulière pour sa propre voix, impliquent également une grande exigence dans le choix du professeur, et plus tard, dans celui des rôles à interpréter Lorsque, après un travail minutieux et approfondi sur les plans tant vocal que musical, la voix sera développée, embellie et assouplie sur l'ensemble de sa tessiture, il en résultera une assurance et un plaisir sans cesse renouvelés tout au long de la carrière. Il n'en faudra pas moins se souvenir alors, même dans les moments les plus enthousiasmants, qu'une voix a besoin d'un travail continuel et bien adapté pour garder longtemps la beauté et la fraîcheur qu'elle avait dans les meilleurs moments.

La progression vocale et artistique de l'élève chanteur

Quand, grâce à un travail technique approfondi, la voix aura atteint la quasi-plénitude de ses possibilités, et que de « violon d'études » elle sera devenue *Stradivarius*, nous n'aurons encore construit que l'instrument, fût-il le plus beau du monde ! Aussi est-il indispensable, dès que l'étudiant a la voix placée et qu'il dispose d'une étendue suffisante après avoir travaillé exclusivement des exercices et quelques phrases adaptées à la technique vocale, de « penser à la musique ». Une voix, bien sûr, n'est rien sans musicalité ; mais cette musicalité ne suffit pas non plus. Toutes ces qualités – belle voix, belle technique, belle musicalité – doivent être servies par une personnalité artistique. Le professeur doit donc, une fois le travail préparatoire bien établi, obliger l'étudiant à une démarche musicale personnelle, même parfaitement guidée !

Il devra l'encourager également à étudier un instrument harmonique comme le piano, qui sera une aide musicale supplémentaire. Ne pas lui parler toujours de ses progrès vocaux, mais aussi de sa progression dans l'interprétation. Le but, en effet, n'est pas la prouesse vocale en elle-même, mais la plus belle expression artistique possible.

Il faut cependant bien noter qu'une telle approche artistique n'est possible qu'à la faveur d'une voix bien placée. Tout l'art du professeur, au-delà des qualités techniques énumérées au début de cet ouvrage, consistera dans le choix des œuvres à faire étudier. Il faut tout d'abord bien cerner la « personnalité vocale » de l'élève chanteur en fonction du timbre de sa voix, de sa résistance physique, de son influx nerveux et de son étendue vocale. D'ailleurs, on ne peut être, malgré la connaissance de tous les paramètres énumérés, un excellent professeur que si l'on connaît et aime profondément ses élèves. Le chant est une émanation intime de l'être humain, une expression profonde de son « moi » et, en quelque sorte, sa définition sonore.

Il faut donc aider l'élève à se définir vocalement. Après lui avoir établi une liste d'airs et, plus tard, de rôles lui convenant vocalement, le laisser choisir parmi ceux-ci en fonction de sa sensibilité, de ses désirs plus ou moins secrets, et de ses appréhensions.

Nous tenons à affirmer combien de professeurs (trop nombreux) se trompent dangereusement en faisant débuter les élèves par l'étude de Lieder, sans parler de mélodies contemporaines. La projection du son, sa nécessaire extériorisation, le développement de la voix et l'évolution de sa musicalité exigent de commencer par des œuvres lyriques. Toute analyse sérieuse démontre cette affirmation, dans la mesure où le répertoire lyrique offre les avantages suivants :

- une plus grande étendue des lignes mélodiques ;
- partant, une extériorisation incomparablement plus importante ;
- de plus grandes possibilités d'expression dramatique ;
- un meilleur développement de la voix, beaucoup plus sollicitée en puissance et en étendue (sans sacrifier la qualité à la quantité) ;
- la découverte plus aisée de l'interprétation à travers des rôles célèbres.

On sait, d'autre part, que l'intériorité indispensable à l'interprétation de la plupart des Lieder est de réalisation difficile pour l'élève, principalement occupé, en début d'études vocales, à *sortir sa voix*. Les grands artistes eux-mêmes n'affrontent les récitals de Lieder qu'assez tard dans leur carrière. Ils savent également que cela représente une très grande difficulté supplémentaire que de chanter dans la même soirée des œuvres aux interprétations et à l'écriture musicale variées. Bien sûr, il arrive que certains artistes abordent cette forme élevée de l'art musical à la suite d'une certaine perte de leurs moyens vocaux; mais ceci est un autre sujet qui n'est pas à traiter dans cet ouvrage.

En ce qui concerne la musique vocale contemporaine, on ne doit l'aborder qu'avec une voix bien placée; encore faut-il ne pas trop en chanter si l'on veut conserver la fraîcheur de la voix et ses qualités intrinsèques. En effet, peu de grands artistes dotés de très belles voix s'engagent dans ce répertoire, dont une partie est mal ou nullement adaptée à la voix humaine: ligne mélodique souvent inexistante ou comportant des écarts redoutables et répétitifs, parfois production de cris, d'onomatopées, ou de phrases volontairement détimbrées. Il faut ajouter les notes hors tessiture, dangereuses pour les cordes, qui peuvent en être rapidement traumatisées et ne plus se joindre correctement. Il faut dire ici les choses clairement: certains compositeurs actuels ont négligé l'étude des possibilités vocales, en même temps que le travail commun avec les chanteurs. Trop souvent même, ils méconnaissent l'étendue comme la tessiture des voix pour lesquelles ils écrivent. D'autre part, certains d'entre eux traitent actuellement la voix en instrument et ne recherchent plus que les effets spéciaux au nom de la nécessaire nouveauté. Ceci montre dans quel mépris certains compositeurs (pas tous, heureusement) tiennent la voix humaine. Les compositeurs actuels devraient se souvenir de l'humilité des grands maîtres, Mozart, Verdi et autres, qui sollicitaient l'avis des chanteurs concernant certaines notes. Comment peut-on espérer être bien interprété si l'on néglige l'instrument et les difficultés spécifiques de l'interprète? Considérons cependant qu'il existe de grands compositeurs contemporains respectueux de la voix humaine et de toutes les ressources musicales qu'elle recèle.

CLASSIFICATION DES VOIX

Évitons de trop classifier les voix afin de les laisser s'épanouir et de ne pas occasionner de *rétroaction* défavorable, en ne laissant plus l'ouïe, c'est-à-dire le système de perception, agir sur le système phonatoire, mais l'inverse. On sait que pour obtenir un mouvement musculaire, il faut le préparer à partir de la perception sensible jusqu'à la connexion qui le commande.

Comme nous avons vu que le larynx n'émet que les sons et harmoniques perçus par l'oreille, et que le vecteur physiologique est indispensable, il est donc inconcevable de travailler la voix avant l'oreille. On ne devrait d'ailleurs pas parler de relation *oreille/voix* car il s'agit là d'un ensemble indissociable par construction physiologique, et aussi parce que les moto-neurones phonateurs, pour recevoir les ordres des connecteurs, doivent d'abord obtenir les informations des récepteurs auriculaires. On est tenté de parler de *ténor* ou de *soprano léger*, de *ténor* ou de *soprano dramatique*, etc. Cependant, chaque voix doit pouvoir (dans ses limites physiques et physiologiques) se faire légère ou dramatique par sa richesse d'interprétation. Il reste acquis qu'au-delà de toute classification, les voix offrent des caractéristiques différentes et probantes. Deux ténors ou deux sopranos apparentés par la même classification, ne se ressemblent ni en puissance, ni en couleur de timbre, ni en étendue. Dès lors, à quoi bon vouloir classifier à tout prix et brider ainsi, comme nous l'avons vu plus haut, une voix dès le départ, en déformant et en limitant les informations qu'elle reçoit au travers de son système de perception.

Nous parlons ici de chanteurs débutants à qui il faut indiquer leur véritable tessiture en dédaignant de les faire entrer dans une classification trop précise dès le début, qui risquerait de les freiner dans leurs possibilités d'évolution vocale. Ultérieurement, il sera bon d'affiner, de préciser la classification, lorsque la voix sera bien émise et déjà naturellement développée par un bon travail.

La nécessaire répétition en pédagogie

La répétition est la base même de la pédagogie. L'enseignement de la technique vocale n'échappe pas à cette loi. La phonation chantée est avant tout un geste. Or, comme nous l'avons vu, ce geste n'est pas habituel à l'être humain. En effet, concernant le souffle, les côtes ne doivent pas s'effondrer dès l'émission des premières notes, alors que l'air s'échappe pourtant des poumons. D'autre part, même dans les notes aiguës, l'appareil laryngé ne doit pas subir de contractions ni de poussées trop fortes. Mais nous savons aussi qu'il ne faut pas entraîner de durcissement durant l'ouverture de résonateurs. Ce travail technique gagne à être couplé avec une démarche intellectuelle consistant à rechercher et à établir la souplesse, les nuances et les couleurs nécessaires à une bonne et juste interprétation musicale. Enfin, le geste vocal doit être préparé mentalement au préalable et l'on doit entendre (vocalement et non seulement musicalement) la note que l'on doit chanter bien avant qu'elle ne soit émise. Cela suppose une concentration importante, en particulier pour certaines notes difficiles. Mentalement, le chanteur doit préparer la beauté, la couleur et la rondeur de la note, en oubliant sa difficulté, afin de rester dans la souplesse et dans une relative facilité en toutes circonstances. Or, tout cela doit être fait d'une *manière naturelle* ; par *naturelle*, il faut entendre une démarche consistant en une recherche de projection, d'amplification et de beauté sonore, obtenues par des exercices appropriés et précis, sans aucun forçage, contractions excessives ou grossissement qui dénaturent la voix et la rendent artificielle.

La technique vocale bien exécutée est assez simple en soi. Cependant, elle articule un nombre important de paramètres, tous interdépendants et agissant par conséquent les uns en fonction des autres. C'est la raison pour laquelle on entend souvent des étudiants, ayant quitté leur précédent professeur à la suite de grosses difficultés vocales, déclarer à leur nouvel enseignant durant les premiers cours : « Mon professeur aussi me disait cela ! » C'est toute la subtilité de l'enseignement vocal : il ne suffit pas de donner quelques bonnes indications, il faut que tous les paramètres de la phonation soient en place et agissent en interaction simultanée, tandis que le chanteur pense à la musique, au texte et à l'action scénique. On comprend dès lors l'absolue nécessité de libérer l'interprète en lui donnant, non seulement une excellente technique, mais en lui permettant également, par la répétition des exercices et surtout des conseils pédagogiques, d'automatiser cette technique dans son intégralité.

Si l'on ajoute qu'une voix bien travaillée évolue continuellement, on devine le nécessaire et constant rééquilibrage qui s'impose pour chaque voix. Ce cheminement vocal, même à un très haut niveau, doit dans ces conditions être supervisé et conseillé par l'oreille extérieure du professeur. Après le dur apprentissage, nous verrons que tout changement, même infime, d'une voix nécessite à son tour une grande attention. Le professeur devra donc répéter continuellement les indications fondamentales, indispensables à une bonne phonation. Ce livre de technique vocale n'échappe pas au besoin essentiel et pédagogique de certaines répétitions, dans le souci de structurer le geste vocal.

Être chanteur-artiste des chœurs

Chanter dans un chœur nécessite de grandes qualités vocales et musicales, mais aussi une aptitude à s'intégrer à un groupe avec une certaine humilité. Le chanteur-choriste doit savoir doser sa voix pour l'intégrer à l'ensemble vocal. Sa voix doit être à la fois souple et sonore sur l'ensemble de sa tessiture, ce qui suppose un travail préalable de recherche d'homogénéité du timbre; elle doit aussi s'adapter, se mélanger aux autres voix en fonction de leurs différentes couleurs et de leurs possibilités vocales.

En ce qui concerne le travail, il faut dissocier les besoins des chœurs professionnels de ceux des ensembles ou chorales amateurs. Les exigences relatives aux répétitions diffèrent, en effet, énormément. Dans les chœurs professionnels, le travail est très intensif; les répétitions sont parfois très fatigantes étant donné la variété des ouvrages représentés tout au long d'une saison. Il est d'ailleurs regrettable que les choristes professionnels n'aient pas à leur disposition le contrôle de professeurs expérimentés et compétents pour éviter les détériorations vocales que l'on constate en grand nombre et continuellement dans tous les chœurs du monde.

Les chœurs amateurs

C'est pour un amateur – amateur de musique au sens le plus noble du terme –, le roi flûtiste Frédéric II de Prusse, que Jean-Sébastien Bach écrivit l'*Offrande musicale*.

Si le rythme des répétitions est beaucoup moins élevé que celui des chœurs professionnels, par contre les buts sont identiques : obtenir un ensemble homogène et harmonieux en toutes circonstances, y compris pour les œuvres les plus difficiles. On rencontre dans ces chorales ou ensembles amateurs des personnalités parmi les plus attachantes et les plus passionnées. Les individus qui les composent y participent bénévolement au nom d'un amour de la voix tout autant que de la musique. Mieux encore, ils y puisent le plaisir de construire ensemble un temple sonore dans l'amitié et la joie, et de pouvoir en modifier l'architecture éphémère et changeante par la diversité des œuvres étudiées, ce jusqu'à la quasi-perfection.

Tout cela nécessite, tant de la part des professionnels que des amateurs, la passion du travail bien fait, l'attachement à une activité de groupe, et l'humilité dans l'acceptation d'une fusion de sa propre voix avec les autres pour la plus grande harmonie de l'ensemble. Le choriste doit donc apprendre à s'écouter parmi la masse chorale, tant pour la sauvegarde de sa voix que pour l'accorder aux couleurs et aux intensités du groupe. Il doit travailler sa voix régulièrement de la même manière qu'un soliste, et chercher à assurer quelques prestations publiques individuelles – ceci afin de garder la motivation du travail, et pour ne pas se satisfaire d'une habitude routinière, voire administrative, dans une tâche qui ne doit et ne peut être bien remplie qu'avec la passion de la voix et de la musique réunies.

Précautions particulières à prendre pour la voix d'un choriste

La voix d'un choriste doit être à la fois solide, puissante, et suffisamment souple pour se fondre dans l'ensemble sonore auquel il participe. Cela impose de beaucoup écouter les autres pour régler l'intensité de sa propre voix sur l'ampleur sonore environnante, en fonction également des nuances voulues par l'auteur et exigées par le chef. Cette recherche d'adaptation enlève peu à peu à la voix sa projection, son extériorisation, si elle n'est pas travaillée en dehors du groupe. C'est le premier, le plus fréquent et le plus redoutable écueil pour un choriste. En effet, contrairement au soliste qui extériorise sa voix en permanence en recherchant sa projection dans la salle, le choriste doit veiller à l'adapter et à la retenir parfois sur les notes extrêmes pour mieux la dissoudre dans le chœur. Le deuxième écueil guettant le choriste est de chanter des œuvres écrites pour un ensemble de voix et non pour une voix particulière, à l'inverse de ce qui échoit au soliste. Plus ardu encore, il devra chanter parfois des œuvres tantôt trop aiguës, tantôt trop graves et, malgré ces difficultés, imposer à sa voix des nuances, non seulement en fonction des nécessités musicales, mais en fonction des autres voix qui l'entourent. Pour conserver sa voix ou, mieux encore, pour l'améliorer, le choriste doit accomplir un travail personnel d'assouplissement et de projection du son avec des exercices bien adaptés à ce travail spécifique. Il doit se considérer continuellement et tout au long de sa vie comme un soliste lorsqu'il travaille sa voix. Il est nécessaire aussi pour lui d'essayer de participer à des concerts où il chantera seul ou en duo afin de garder l'intérêt pour son timbre, sa couleur, et s'obliger à être performant vocalement sans l'aide des autres. De cette manière, il sera contraint de travailler sa voix, d'en reconnaître les qualités et les défauts, et d'agir en conséquence, même à l'intérieur du chœur. On ne dira jamais assez à quel point un ensemble vocal bien préparé peut devenir un enchantement pour l'oreille. Cette musique qui sort de cent poitrines à la fois est émise aussi par cent cœurs unis dans la même exaltation de la beauté sonore. Toutes les joies, les peines, les passions s'y retrouvent décuplées, amplifiées comme dans les opéras de Verdi où le chœur tient souvent le rôle principal. Il est alors multiple comme ses voix aiguës et graves mélangées, et unique comme la voix de tout un peuple.

L'artiste des chœurs, on le comprend dès lors, est un élément indispensable à l'exécution d'une œuvre tout autant que le soliste. Son travail est différent, mais tout aussi difficile (dans la durée surtout). Il doit, en conséquence, prendre grand soin de sa voix, afin que n'existe aucun maillon faible dans la chaîne que forme l'ensemble du chœur.

a) le choriste accomplit un travail plus difficile qu'il n'y paraît;
b) s'il n'y prend garde, il ne s'entend pas bien parmi les autres voix;
c) il doit poser sa voix en fonction des nuances, comme tout chanteur, mais aussi en fonction des voix qui l'entourent;
d) il ne chante pas toujours des tessitures qui lui conviennent parfaitement;
e) il est souvent contraint de recommencer un passage difficile et fatigant, même si ce sont les autres qui ne sont pas au point;
Le choriste doit donc apprendre à s'écouter parmi la masse chorale, tant pour la sauvegarde de sa voix que pour l'accoler aux couleurs et aux intensités du groupe. Il doit travailler sa voix aussi régulièrement qu'un soliste et chercher à assurer quelques prestations en solitaire pour ne pas se satisfaire d'une habitude routinière.

Conclusion

Les techniques actuelles permettent, par exemple, de soulever le lourd rideau de fer de l'Opéra en appuyant sur un simple bouton, donc sans effort. Elles permettent aussi de faire voler des avions de plus en plus gros et pourtant chaque jour plus rapides et plus sûrs. Il doit en être de même pour la technique vocale. Une voix, même très puissante, doit évoluer dans la facilité. La facilité est, avec la souplesse, l'un des mots clefs de la technique vocale. Le public vient pour voir, entendre et s'émerveiller. On s'émerveille toujours devant la facilité, dans tous les domaines, quand elle conduit à la beauté.

La facilité et la souplesse sont les deux mamelles de la technique vocale, mais la beauté est son enfant. Comme dans toute procréation, il faut deux géniteurs : c'est qu'il manque monsieur Musicalité ; mais chaque fois que vous ferez s'unir madame Technique et monsieur Musicalité, vous verrez naître miss Beauté : c'est elle qui déplace les foules et les entraîne dans la même communion. On se passionne, on s'émerveille devant la beauté car elle est toujours artistique. Si l'art lyrique déchaîne plus que tout autre les passions, c'est qu'il est à lui seul une synthèse de plusieurs esthétiques, le carrefour de plusieurs moyens d'expressions artistiques : en lui se retrouvent mêlés le chant, la musique (instrumentale et vocale), l'art chorégraphique, l'art pictural et enfin l'architecture éphémère de décors souvent inspirés.

En apothéose, cet art est servi par le plus bel instrument à vent qui soit au monde, un instrument vivant, en permanente évolution, sublimé par la sensibilité et la musicalité de l'artiste. Cette sublimation est encore magnifiée par celui qui possède une technique vocale permettant l'interprétation dans la facilité, la souplesse et la beauté.

Terminologie

Adduction Rapprochement des cordes vocales.

Abduction Écartement des cordes vocales.

Agoniste Muscle produisant le mouvement souhaité.

Antagoniste Muscle venant contrarier le mouvement du muscle agoniste.

Aphonie La voix n'a plus de timbre ; elle ne peut plus être que chuchotée, et sa tonalité est instable et indéfinissable.

Cordes vocales Elles sont constituées par les replis du muscle thyro-aryténoïdiens recouverts d'une muqueuse et de tissu fibro-élastique qui font saillie dans le conduit laryngé.

Dysphonie Anomalie de la voix qui affecte le timbre, ou qui se caractérise, soit par un manque total de souplesse de cette voix, soit par un manque d'intensité, ou encore des difficultés à produire le son à différentes hauteurs.

Glotte Espace situé dans la partie moyenne de la cavité laryngée délimitée par l'écartement des cordes vocales ouvertes.

Larynx	Il fait partie des voies respiratoires et est situé entre le pharynx et la trachée. C'est un élément essentiel de la phonation.
Nerfs récurrentiels	Appelés aussi nerfs laryngés inférieurs. Les nerfs récurrentiels (ou récurrents) ne parviennent pas directement au larynx ; ils sont appelés récurrents à cause des coudes, de leur trajet sinueux et du retour sur eux-mêmes qu'ils dessinent.
Odologue	Terme proposé par Nicole Scotto Di Carlo (directeur de recherche au CNRS, laboratoire Parole et Langage) et homologué. Du grec *oidê* (chant) et *logos* (science, étude). L'odologue est celui qui étudie l'art du chant.
Perceptuelle (analyse)	Elle définit les caractères vocaux perçus par l'auditeur : timbre, souplesse, intensité, hauteur ; elle ne prend pas en compte les causes sous-jacentes d'une anomalie pathologique, mais elle est suffisante aux chanteurs pour qualifier les qualités intrinsèques de l'appareil vocal analysé.
Pharynx	Conduit musculaire et membraneux s'ouvrant dans sa partie haute sur les fosses nasales et la bouche, et en bas sur le larynx et l'œsophage, où se trouvent accolées la voie respiratoire et la voix digestive.
Phonème	Son d'une langue défini par les propriétés distinctives qui l'opposent aux autres sons de cette langue.
Phonation	Production d'un ou plusieurs sons émis par l'intermédiaire des cordes vocales mises en vibrations par l'air expulsé des poumons.
Phylo-génétique	De phylogenèse : étude de l'évolution des êtres vivants.

Psychogène	Les maladies psychogènes ou plus simplement fonctionnelles.
Synergie	Association de plusieurs organes pour l'accomplissement d'une fonction. Pour le chant, plusieurs muscles travaillant simultanément en vue d'un résultat unique.
Uvulaire (région)	Région située autour de la luette. Se dit également d'une consonne articulée du fond du palais (ou palais mou).
Voix	Sons produits durant la phonation.

Remerciements

L'auteur rend hommage à Natacha Vetchor, cantatrice et pédagogue hélas décédée, et remercie madame Lina Possenti, merveilleuse pédagogue intuitive et passionnée, fille du grand maestro Boralevi (qui a enseigné l'art vocal à Ettore Campogalliani, professeur de Mirella Freni) pour lui avoir apporté des pièces indispensables au puzzle composé tout au long de quarante années de passion inaltérable pour l'art du chant. Une tranche de vie consacrée sans regret et quasi exclusivement à la connaissance de la voix et à la recherche de la perfection des sons émis par le plus bel instrument qui soit au monde : la voix humaine. Une tranche de vie passée aussi à se pencher sur le cas de nombreux jeunes chanteurs, à les aimer pour mieux les comprendre et à les écouter chacun avec la même attention.

L'auteur exprime toute sa gratitude à Mme Nicole Scotto Di Carlo, directeur des Recherches sur la voix au CNRS d'Aix-en-Provence.

L'auteur s'est inspiré de quelques extraits des travaux d'Arnold Aronson, maître de conférence du Neurology Pathology Department (Minnesota), et, pour quelques lignes seulement mais fort intéressantes relatives à la perception auditive, des travaux de Franz Tournier qui fut à la fois physicien (élève de Joliot-Curie) et directeur du Conservatoire national de Rennes.

Un merci particulier à mes amies Catherine Meyer et Joëlle Masson qui m'ont aidé à ordonner mes pensées.

Enfin merci également à mon instituteur Louis Lemonnier qui m'a inculqué, outre l'exigence et l'honnêteté intellectuelle dans le travail, la passion de la pédagogie.

Table des matières

Impression réalisée sur CAMERON par

BUSSIÈRE CAMEDAN IMPRIMERIES

GROUPE CPI

à Saint-Amand-Montrond (Cher)
pour le compte des Éditions Fayard
en mai 2001

35-56-0669-04/8

ISBN 2-213-60469-X

Dépôt légal : mai 2001.
N° d'Édition : 12311. – N° d'Impression : 012326/4.

Imprimé en France